13.9.2021

Für Rolf,

Danke, dass du mutig bist, deinem individuellen Weg zu vertrauen.

Danke, dass du offen bist für die wahre Liebe die zu dir passt. Möge dein Weg gesegnet sein!

Nadine

Nadine Reuter

Die neue Welt beginnt in deinem Herzen

LICHT-HERZ Verlag

Nadine Reuter

Die neue Welt beginnt in deinem Herzen

9 Schlüssel zur Co-Kreation mit der geistigen Welt

LICHT-HERZ Verlag

Kontaktadresse des Verlags: www.licht-herz.media
Bezugsquelle Schweiz: IM LICHT Buchhandlung
www.imlicht.ch
Bezugsquelle Deutschland / EU: www.val-silberschnur.de

1. Auflage – April 2021
Vollständig überarbeitete und erweiterte Neuausgabe von
«Du bist nicht allein»

©LICHT-HERZ Verlag CH-Zürich
Ein Verlag von:
IM LICHT Seminarzentrum und Buchhandlung, www.imlicht.ch

Lektorat:	Armin Risi, Marianne Jaeger
Layout/Umschlaggestaltung:	Benjamin Inselmini
Satz:	Andrina Schneeberger
Fotos	Dina Schmid (Titelbild und Foto)
	www.dina-fotografie.ch
Druck:	CPI Moravia Books, Tschechien

Urheberrechtshinweis:
Die Inhalte dieses Buches (Texte, Bilder, Audiodateien) sind urheberrechtlich geschützt. Die Verwendung und Reproduktion jeglicher Elemente durch Dritte erfordert die schriftliche Zustimmung des Verlags. Bei den Links auf Webseiten Dritter übernehmen wir für deren Inhalte keine Haftung, da wir uns diese nicht zu eigen machen, sondern lediglich auf deren Stand zum Zeitpunkt der Erstveröffentlichung verweisen.

ISBN: 978-3-907275-03-0

Inhalt

Vorwort 8

Einleitung 10

Erster Teil
Die neue Welt beginnt in deinem Herzen 13

1 Eine Vision für die neue Erde 14

2 Dunkelheit in Licht verwandeln 21

3 Aus meinem Leben 35

4 Co-Kreation mit der geistigen Welt –
  wie wir gemeinsam wirken können 50

5 Die Versöhnung der inneren weiblichen und männlichen
  Energie 70

6 Selbstheilung wirkt sich auf die ganze Welt aus 85

7 Die stille Revolution der Liebe 93

Zweiter Teil
Neun Schlüssel zur Co-Kreation mit der geistigen Welt 99

Einstimmung auf Teil 2 100

Schlüssel 1
Die Natur ist der Schlüssel zur inneren Harmonie 103

Schlüssel 2
Intuition ist der Schlüssel zu deinem Herzen 113

Schlüssel 3
Die Kraft der Gedanken ist der Schlüssel in dein Potenzial . . . 126

Schlüssel 4
Hochsensitivität ist der Schlüssel zu deiner inneren Stärke . . . 140

Schlüssel 5
Meditation ist der Schlüssel zur Verbindung mit der Quelle . . 155

Schlüssel 6
Wahre Liebe ist der Schlüssel in die Freiheit 162

Schlüssel 7
Gottvertrauen ist der Schlüssel zu Heilung und Frieden 169

Schlüssel 8
Selbsterkenntnis und Selbstfindung –
Mut zum authentischen Fühlen 177

Schlüssel 9
Die Geburt des Lichtmenschen in dir –
Co-Kreation mit der geistigen Welt 194

Schlusswort:
Vor Gott und den Kindern sind wir alle gleich 212

Danksagung 216

Über die Autorin 219

Vorwort

Wir leben in einer Übergangszeit. Vieles, was wir im Außen sehen, scheint nicht mehr hilfreich für uns Menschen zu sein. Sind wir dabei machtlose Zuschauer? Wir erkennen allmählich, dass wir machtvolle geistige Wesen sind und unser Leben im Einklang mit der Schöpfung selbstbestimmt gestalten können.

Vielleicht wünschst du dir, dass die Welt anders aussieht, als du sie im Moment wahrnimmst? Sehnst dich nach einem liebevollen Miteinander in Respekt und Anerkennung? Möchtest entdecken, wie du dein Leben gestalten kannst, damit deine Herzenssamen aufgehen können?

Es liegt an dir, dich voller Mut und Vertrauen für die Fülle des Lebens, für das Neue, das Abenteuer deines ureigenen Herzens-Weges zu entscheiden. Dann ist dir gewiss, dass die geistige Welt dir zur Seite steht. Die Blumen der Freude, der Liebe und der Zuversicht säumen deinen Weg und helfen dir über die Tiefen und Höhen hinweg.

Dieses Buch ermutigt alle, die es wagen, ihr Leben aus dem Herzen heraus zu gestalten. Sie gestalten damit auch die Neue Welt der Liebe, des Miteinanders und des lichtvollen Bewusstseins im Familienkreis, am Arbeitsplatz, in der Wohngemeinde, im Land, in der Menschengemeinschaft auf der Erde und… im ganzen Universum. Sie leben das Prinzip des Win-win-win: Mein Sein und Handeln ist ein Gewinn für mich, für die Gemeinschaft und für alle Wesen.

Möchtest du den Weg des Herzens entdecken, dann schenkt dir dieses Buch reiche Nahrung. Im ersten Teil zeigt es wichtige Aspekte auf, die das Bewusstsein erwecken und dir eine neue Sicht auf dich und die Welt eröffnen. Der zweite Teil gibt dir 9 Schlüssel mit wertvollen Einblicken, Übungen und Meditationen an die Hand, um das neue Bewusstsein und das Zusammenwirken mit der geistigen Welt in deinem Herzen und in deinem Leben zu verankern.

Wenn wir ein Kunstwerk vollbracht, einen Berg erklommen, eine Prüfung bestanden, eine Schwierigkeit überwunden oder eine neue Fähigkeit erworben haben, dann erfüllt uns das mit tiefer Befriedigung und Freude. Das Herz jubelt!

In diesem Sinne: Viel Freude beim Gestalten deines Lebens, deiner Beziehungen, deines Umfeldes aus der tiefsten Kraft deines Herzens. Du bist ein wunderbares lichtvolles Wesen in einem physischen Kleid, dein Herz ist dir Leitstern auf deinem Weg, was immer dir im Außen begegnet.

❤ ❤ ❤

Liebe Nadine

Seit vielen Jahren sind wir in herzlicher Freundschaft und Zusammenarbeit verbunden. Dabei habe ich erfahren, wie hilfreich und inspirierend deine medialen Fähigkeiten und deine liebevolle Zuwendung zu den Menschen in Beratungen, Vorträgen und Seminaren sind. Nun darf dieses Buch in unserem Licht-Herz Verlag erscheinen und ich bin zutiefst erfreut und dankbar darüber. Danke, dass du den reichen Schatz deiner spirituellen Erfahrungen und Erkenntnisse in diesem Buch in lichtvolle und verständliche Worte gefasst hast, so dass sie von den Leserinnen und Lesern in ihrem Leben angewendet werden können. Du lebst die Kraft deines Herzens offen, klar und authentisch, verbindest den Himmel mit der Erde in deinem ganzen Sein und wirkst als Wegbereiterin für die neue Zeit! Diese Kraft durchstrahlt auch dieses Buch und ich freue mich, wenn es viele Menschen auf ihrem Weg des Herzens in die neue und höhere Schwingung des Lichtzeitalters begleitet.

Im Februar 2021, Wolfgang Jaeger

Lieber Herzmensch,

als mediale Beraterin und spirituelle Heilerin fühle ich mich gesegnet, mit vielen verschiedenen Menschen arbeiten zu dürfen.

Ich habe mit zwanzig Jahren meine Hochsensitivität zu meinem Beruf gemacht und begonnen, selbstständig zu arbeiten. Ich hatte keine Ahnung, was daraus wird, vertraute aber der inneren Inspiration. Zu meinem Erstaunen fand mein damals ungewohnter Beruf eine breite Resonanz. Die Menschen, die zu mir kamen, waren dankbar für die Hilfe aus der geistigen Welt, und viele empfahlen mich weiter. So machte ich in den zwanzig Jahren bis heute weit über zehntausend Beratungen und erhielt einen tiefen Einblick in unsere heutige Gesellschaft.

Es kamen Menschen aus allen Berufssparten und gesellschaftlichen Schichten zu mir, auch aus den Bereichen Wirtschaft, Finanz, Spitzensport und Politik. Kaum einer dieser Menschen würde öffentlich darüber sprechen, dass sie eine mediale Beraterin aufsuchten, weil dies oftmals in der heutigen Zeit – vom normalen Schulwissen und auch von den Religionen her – als etwas Befremdliches gilt. Aber alle diese Menschen wissen, dass es eine geistige Welt gibt, und das eröffnet eine ganz neue Perspektive auf das Leben. Das hat jedoch nichts mit «Magie» oder Manipulation zu tun, denn hier geht es einfach um die Frage: Wie kann eine Situation im besten Sinn aller Beteiligten gelöst oder gefördert werden? Welchen Ratschlag gibt die geistige Welt im Licht der göttlichen Quelle? Wie können Menschen unterstützt werden zum Wahrnehmen ihrer inneren Stimme des Herzens und zur Selbstermächtigung?

Hinter den Kulissen der «normalen» Welt vollzieht sich ein Bewusstseinswandel, und das bis in die höchsten Ebenen der Gesellschaft und *weltweit*. Das Wissen, dass wir jetzt in einer Wende sind, löst eine stille, aber tiefgehende globale Veränderung zum Guten aus! Ich bin so dankbar, hier mitwirken und dies direkt sehen zu dürfen – und jetzt in diesem Buch davon berichten zu können.

Ich bin mediale Beraterin und Schülerin zugleich – zuallererst eine Schülerin des Lebens wie wir alle –, und es ist mir eine große Freude, wertvolles Wissen und hilfreiche Erkenntnisse und Übungen an dich weiterzugeben. Das geschieht im besten Wissen und Gewissen. Was du mit diesen Dingen machst und wie sich dein Leben dadurch verändert, liegt in deiner Verantwortung. Es ist wie mit allem: Leben ist, was du daraus machst.

Vieles von dem, was ich in diesem Buch darlege, ist eine Synthese aus meinen persönlichen Erfahrungen und den Begegnungen mit meinen Klientinnen und Klienten und den Teilnehmenden an meinen Seminaren. Die Beispiele und Ausführungen werden dir helfen, deine eigene Bewusstseinsreise zu intensivieren, dir deiner göttlichen Seele bewusst zu werden und dein Leben nach deiner Herzensstimme zu gestalten.

Nun wünsche ich dir viel Freude auf unserer gemeinsamen Reise!

Deine Wegbegleiterin und Mitreisende,

Nadine Reuter

Erster Teil

Die neue Welt beginnt in deinem Herzen

1
Eine Vision für die neue Erde

Wir sind nicht allein, nicht in unserem Leben und nicht im Kosmos. Dieses Buch möchte den Raum öffnen für eine ganzheitliche Spiritualität, denn ein Leben in Verbundenheit, Liebe und Vertrauen ist das Recht aller Menschen.

Meine Weltsicht bezeichne ich als «ganzheitliches Bewusstsein». Ich nehme die geistige Welt nicht als getrennt von uns Menschen wahr und habe mich auch nie gefragt, ob es Gott oder Engel gibt. Für mich war immer klar, dass sie real sind, viel mehr noch als die sichtbare materielle Welt. Engel, Naturwesen, geistige Helfer usw. sind Teil des multidimensionalen Kosmos, von dem auch wir Menschen ein Teil sind. In diesem Bewusstsein gehen wir den Weg des Herzens und integrieren die Intuition und das Rationale sowie die «mediale» Wahrnehmung.

Medialität bedeutet für mich nicht einfach «Channeling». Medialität ist das bewusste oder intuitive Wahrnehmen von energetischen Zusammenhängen und Wesenheiten, da wir alle über die gemeinsame Quelle verbunden sind. Und aus dieser Quelle heraus wird es möglich, inspiriert zu sprechen und Botschaften zu empfangen.

Mit «ganzheitlich» meine ich, dass wir die Realität in ihrer Ganzheit wahrnehmen, sowohl die sichtbare Welt als auch die feinstofflichen Welten und die bewusste, göttliche Kraft, die alles trägt und auf der alles ruht.

Das Gegenteil von ganzheitlich ist einseitig

Wenn die Menschheit das ganzheitliche Bewusstsein verliert, fällt sie auf die eine oder die andere Seite in eine Einseitigkeit, und die Menschen handeln dann aus ihrer jeweiligen Einseitigkeit heraus. Die einen sind gottlos, die anderen gottfanatisch. Obwohl beide sich bekämpfen, sind sie Teil derselben Spaltung, und sie handeln auf der Grundlage von alten Glaubensstrukturen und Denkschablonen. Der große Schritt für uns als Menschheit besteht heute darin, dass wir diese einseitigen Weltbilder zu einem ganzheitlichen Bewusstsein transzendieren. Die neue Welt beginnt in unseren Herzen.

Die Probleme, die wir heute in der Menschheit sehen, zeigen, dass schon seit langer Zeit einseitige Ideologien (auch in der Wissenschaft) vorherrschen, die zu globalen und lebensfeindlichen Ungleichgewichten und zu sich rivalisierenden Menschengruppen führen.

Intelligenz bedeutet wörtlich «Unterscheidungsvermögen» und wahre Intelligenz zeigt sich darin, dass wir nicht fremde Meinungen, Dogmen und Ideologien übernehmen, sondern wieder zuerst unser eigenes Innerstes wahrnehmen. Das ist die *Herzintelligenz*.

Wir Menschen müssen herzintelligent werden! Durch diese Erkenntnis lernen wir, uns selbst zu spüren und nicht einfach alles zu glauben, was uns erzählt wird. Wer sich selbst spürt, würde nie im Namen von Gott oder im Namen irgendeiner Nation andere Menschen bekämpfen. Diejenigen, die so etwas machen oder befehlen, spüren ihr eigenes inneres Wesen nicht und deshalb auch nicht das Wesen der anderen Menschen. Sich selbst als göttliches Wesen wahrzunehmen, führt zur Selbstheilung und ist der Schlüssel zur globalen Heilung! Aus einem ganzheitlichen Bewusstsein heraus werden wir als Menschheit fähig, die vielen Konflikte zu lösen und die lebensfeindlichen Programme in lebensförderndes, harmonisches und liebevolles Handeln zu wandeln.

Liebe ist der Schlüssel zu echtem Respekt

Die Vision für die Neue Erde, die heute viele Menschen in ihren Herzen tragen und zum Erblühen bringen: Wir spüren uns wieder selbst und erkennen, dass wir spirituelle Wesen sind, ebenso wie alle Tiere und Pflanzen und der gesamte Planet, ja das ganze Sonnensystem. Wir nennen die Erde «Mutter Erde», und die Sonne «Vater Sonne». Aus der gegenseitigen energetischen Umarmung von Erde und Sonne entsteht das irdische Leben.

Alles hat Energie und Bewusstsein. Wenn wir das erkennen, werden wir viel bewusster leben und mit der Erde, mit den Tieren und mit den Pflanzen ganz anders umgehen. Denn wir spüren, was *sie* spüren, und dadurch können wir uns mit ihnen verbinden und mit ihnen kommunizieren. Und diese Informationen erweitern wiederum unser Bewusstsein und unseren Horizont. So wie die Erde und die Sonne sich in Liebe umarmen, umarmen wir dann die Erde und die Natur. Diese Liebe bewirkt, dass wir uns als Menschen gegenseitig voll respektieren und anderen nicht unsere Meinungen aufzwingen.

Viele Menschen erleben dadurch wieder ihre eigene ganzheitliche Beziehung mit Gott und damit zur Quelle von allem, die mit allem verbunden ist und uns alle trägt, liebt und «umarmt». Jeder Mensch hat seinen ganz eigenen Zugang zu dieser Quelle, und über diese Verbindung können wir unsere eigenen Gotteserfahrungen machen, das heißt, uns selbst als Teil dieser Ganzheit erleben. Wenn wir diese wahre, allumfassende, bedingungslose Liebe spüren, erkennen und respektieren wir, dass jeder Mensch eine eigene und einzigartige Beziehung zu Gott hat.

Wenn nicht Liebe, was dann?

Wenn die Menschen mit ihren Glaubensvorstellungen und Ideologien nicht in der Lage sind, in gegenseitigem Respekt zu leben, was machen sie dann? Die Weltgeschichte gibt uns die Antwort. So viel Gewalt, Leid, Hass, Ungerechtigkeit und Lieblosigkeit!

Kriege und Kämpfe im Äußeren sind ein Ausdruck der Disharmonie zwischen der weiblichen und männlichen Energie in uns. Diese Kämpfe geschehen, weil die Ganzheit zerbrochen wurde und die beiden Einseitigkeiten für sich unvollständig sind. All diejenigen, die kämpfen und andere unterwerfen wollen, haben die Liebe verloren und wollen sie durch Macht und «Rechthaben» ersetzen.

Die weibliche und die männliche Seite in uns sind eine Ganzheit. Ein bekanntes Symbol dafür ist das Yin-Yang. Yin steht für weiblich, Yang für männlich. Sie umfließen sich, und jede Seite hat einen Punkt des anderen in sich, denn sie sind eine lebendige Einheit. Sie sind zwei und gehören doch zusammen. Wenn sie getrennt werden oder in eine Einseitigkeit fallen, geht der natürliche Zustand verloren.

Dasselbe lässt sich auch anhand der linken und rechten Gehirnhälfte veranschaulichen. Diese zwei Seiten bilden ebenfalls eine lebendige Einheit, und sie sind über den kleinen Punkt der Zirbeldrüse miteinander verbunden. Wenn beide Seiten aktiv sind und gleichwertig miteinander harmonieren, bedeutet das, dass die Zirbeldrüse gesund funktioniert und nicht blockiert ist. Umgekehrt gilt auch, dass die Reinigung und Stärkung der Zirbeldrüse das Potenzial beider Gehirnhälften aktiviert.

Die heutige Gesellschaft wird einseitig von der linken, männlichen Gehirnhälfte und dem Verstandesdenken dominiert. Das Ergebnis sind Machtstreben, Profitdenken, Ausbeutung und mangelndes

Einfühlungsvermögen, und das zum Teil sogar dort, wo von Gott und Engeln und der Liebe gesprochen wird.

Erst wenn auch die weibliche, herzbetonte, intuitive Seite integriert wird, entstehen Balance, Harmonie und echte Verbindung. Aus dieser Ganzheit heraus wird feinfühliges Spüren und Wahrnehmen möglich. Wir erkennen: Wir sind verbunden mit der ganzen Schöpfung. Was wir der Schöpfung antun, tun wir uns selbst an.

Ich wünsche aus tiefstem Herzen, dass immer mehr Menschen verstehen und wiedererkennen, wie wundervoll wir sind, denn wir alle sind Teil der geistigen Welt und somit miteinander verbunden.

Dann haben wir auch wieder tiefen Respekt vor anderen – und vor uns selbst. Wir kommen hier zum großen Mysterium der Selbstliebe. Wir können uns dann wirklich selbst lieben, wenn wir erkennen, wer wir sind: wundervolle Kinder Gottes, Teil der lichtvollen geistigen Welt.

Wiederentdeckung der Ganzheit

Wenn wir Menschen uns gegenseitig respektieren und lieben, führt dies zu einem Gemeinschaftsgefühl mit allen Menschen und allen Lebewesen und zu einem neuen Verhältnis zwischen allen Weltanschauungen und Religionen und dadurch zu einem neuen Umgang miteinander.

Wir sind von Natur aus ein ganzheitliches Wesen. Wir sind immer verbunden mit der Quelle. Wir sind von Natur aus heil, vollkommen und harmonisch integriert in das göttliche Ganze. Und: Du bist liebenswert, so wie du bist. Wir alle können aus dieser inneren Verbundenheit heraus für uns selbst Heilerin und Heiler sein. Das

Potenzial dazu trägst du in dir. Und diese Selbstheilung wirkt auch auf die ganze Welt!

Schon in meiner Kindheit hat mir das Vaterunser immer wieder viel Kraft gegeben. Weil mir das Bewusstsein für das Verbundensein mit der Ganzheit so wichtig ist, bete ich manchmal das Vaterunser nicht in der bekannten Form, obwohl natürlich auch die gewohnte Form dieses Gebetes dieselbe Kraft hat, wenn wir das Konzept «Vater» nicht einseitig männlich verstehen. Ich bete:

Liebe und Einheit, die Du bist,
geheiligt werde Dein Name,
Dein Reich komme,
Dein Wille geschehe,
wie im Himmel so auch auf Erden.
Unser tägliches Brot gib uns heute,
und vergib uns unsere Schuld,
wie auch wir denen vergeben, die uns Unrecht getan haben.
Gib uns die Kraft, standhaft zu bleiben in Deinem Licht
und führe uns in der Versuchung.
Denn Dein ist das Reich und die Kraft und die Herrlichkeit
in Ewigkeit,
Amen.

Dieses Buch gibt dir den Mut, aus deiner inneren Kraft zu schöpfen und dein Leben zu gestalten. Die Schöpferin und der Schöpfer erwachen immer mehr in dir.

Selbst wenn du siehst, dass es in verschiedenen Ländern auf der Welt Krieg gibt und dass es vielen Menschen, der Natur und vielen Tieren nicht gut geht, rede dir nicht ein, dass es nicht möglich ist, die Welt zu einem besseren Ort zu machen. Du hast die Macht,

Frieden zu schaffen in dir und in deiner Umgebung, denn Frieden und Harmonie beginnt im eigenen Herzen und mit dem eigenen Handeln!

Belebe die Vision einer friedlichen Menschheit in dir und spüre deinen ureigenen Beitrag für diesen Frieden in deinem Herzen.

Damit gehst du in Resonanz mit den lichtvollen Schöpferkräften. Das wiederum stärkt deine Überzeugung, dass sich das Gute durchsetzt. Mit jedem guten Gedanken streust du einen geistigen Samen, der wachsen darf. Und wenn du einem Menschen begegnest, der das Vertrauen verloren hat, dann gehe in Kontakt mit deinem Mitgefühl und strahle deine eigene Liebe aus!

Erinnern wir uns an unsere Verbindung zur geistigen Welt, die immer da ist. Wir sind immer eingebettet in die liebevolle göttliche Energie und haben diese in unserem Herzen verankert. Wir sind mit dem Himmel und der Erde verbunden: Du bist viel größer, als du denkst. Du bist viel mehr als «nur» der Mensch, der äußerlich gesehen immer älter wird. Wenn du dein Denken und Fühlen nicht auf das beschränkst, was du zurzeit im Außen erlebst, dann wird es dir möglich, über dich selbst hinauszuwachsen – und wieder zu erkennen, wer und was du in Wirklichkeit bist. Du bist eine göttliche Seele, die eine irdische Erfahrung macht!

Dein Leben wird dadurch immer mehr mit Sinn erfüllt. Wo auch immer du gerade stehst, du kannst deinen Alltag präsent und bewusst gestalten und immer standhaft bleiben im Licht, was auch immer in der äußeren Welt geschehen mag. Diese innere Ausrichtung gibt dir die Kraft und den Mut, deinen individuellen Weg zu gehen. Die innere Ausrichtung hat auch mit einer Entscheidung zu tun: dass du jeden Tag den Mut hast, Ja zu sagen zu dem, was du in deinem Herzen spürst, und entsprechend zu handeln.

2
Dunkelheit in Licht verwandeln

Es ist sehr heikel, über Gut und Böse zu sprechen. Wie oft haben Menschen schon gesagt, sie selbst seien «die Guten» und die anderen seien «die Bösen». Das geschah und geschieht oftmals im Namen von Gott und Religion, aber auch in der Politik. Mit dieser Gut-Böse-Sicht rechtfertigen die Parteien ihr Handeln, weil sie ihren Machtanspruch und ihre Weltsicht als das einzig Wahre ansehen und deshalb oftmals gewaltsam erweitern oder verteidigen wollen. Es kann aber auch leicht im eigenen Leben geschehen, dass wir andere als Böse verurteilen oder abwerten, weil wir ihre Lebenshaltung nicht teilen. Wir empfinden dann unseren eigenen Standpunkt als richtig und gut.

Ist Gut und Böse eine Einheit?

Wir alle wollen das Gute. Aber ist es nicht einseitig, nur das Gute zu wollen? Gehören Gut und Böse nicht zusammen als Teil derselben Einheit? Wer oder was entscheidet, was das Gute ist? Manche sagen, dass die Unterscheidung von Gut und Böse falsch sei, denn was gut und böse ist, sei immer relativ. Die Religionen hatten sich auf Gott berufen und auf dieser Grundlage mit absoluter Macht erklärt, was gut und was böse ist. Die Gegenbewegung lehnte diese Machtansprüche ab und sagte, es gebe keine absoluten Richtlinien dafür. Das führt zu Aussagen wie: «Alles ist Gott, alles ist ein Teil von uns, auch das Böse ist ein Teil von uns, denn ohne das Böse gäbe es das Gute nicht. Beides gehöre zusammen wie Yin und Yang.»

Was fühlst du in deinem Herzen, wenn du solche Aussagen hörst? Wie reagiert dein energetisches Körpersystem? Sagt es Ja oder Nein? Stell dir diese Fragen selbst, denn sie sind entscheidend für unsere Weltsicht und für das, was wir glauben – und dadurch stärken! Ich spüre intuitiv ein klares Nein. Hier stimmt etwas nicht, und heute kann ich für mich auch vom Verstand her erklären, warum ich das so sehe. Deshalb habe ich bereits im ersten Kapitel das Vaterunser zitiert, denn dieses Gebet sagt klar, dass es das Böse gibt.

Was ist Licht? Was ist Dunkelheit?

Mit jeder Faser meines Seins spüre ich, dass das Böse ursprünglich kein Teil von uns ist. Das Böse ist eine Abspaltung von der Quelle, so wie Dunkelheit eine Abspaltung vom Licht ist. Licht existiert aus sich selbst heraus, aber die Dunkelheit hat keine eigene Existenz, sondern existiert nur durch die Abspaltung vom Licht. Dunkelheit und Licht sind also nicht gleichwertig. Das Licht ist immer da und symbolisiert dadurch die göttliche Energie, die alles in einer ursprünglichen Harmonie und Balance erschafft und trägt. Wir als bewusste Schöpferinnen und Schöpfer können dabei immer entscheiden, ob wir uns in diese Harmonie und Balance einfügen oder aus der göttlichen Ordnung heraustreten und Einseitigkeiten erzeugen. Wie schon besprochen, entsteht aus dieser Abspaltung und Einseitigkeit das Dunkle und wir alle spüren im Herzen, dass dieses nicht gut und dem Leben nicht förderlich ist. Dunkelheit ist etwas, das wir von unserem Herzen her als widernatürlich, abstoßend und vielleicht bedrohlich empfinden. Wir können jedoch lernen, damit richtig umzugehen. Wenn wir im Umgang mit dem Dunkeln in unserem Herzenslicht bleiben, setzen wir einen Lichtsamen, der irgendwann aufgehen kann. Wenn wir in unserer lichtvollen Kraft bleiben, ohne anzuklagen und zu verurteilen, dann stärken wir das Licht. Mit einer klaren Entscheidung für das Lichtvolle und Lebensfördernde werden wir stark und wir haben eine außerordentliche Ausstrahlungskraft, die viel Heilung bewirken kann.

Unterschiede aus der Liebe heraus verstehen

Das Licht lehnt die Dunkelheit nicht ab und bekämpft sie nicht. Gleichzeitig sehen wir aus der Perspektive des Lichts aber auch, dass die Dunkelheit nur durch eine Abspaltung existiert. Dieses Bild hilft uns, mit all den schlimmen Dingen, die wir in der Welt sehen, besser umzugehen und sie zu verstehen. Wir sehen sie, aber lehnen sie vom Herzen her nicht ab. Mit der männlichen Seite können wir mental unterscheiden, was Licht und was Dunkelheit ist. Mit der weiblichen Seite strahlen wir auch die abgespaltenen Bereiche (in uns und in der Welt) an und dienen dadurch der Heilung. Solange wir sie bekämpfen, geben wir ihnen Kraft. Solange wir sie ignorieren, erkennen wir sie nicht und belassen sie in der Abspaltung.

Wenn wir der Heilung dienen wollen, müssen wir zuerst erkennen, dass überhaupt ein Problem besteht und dass Heilung notwendig ist. Aus der Liebe heraus erkennen wir, was wir wollen und was *nicht*.

Wenn wir all die Missstände, die heute herrschen, ganzheitlich betrachten, bedeutet dies, dass wir zuerst einmal mental erkennen, was in der Welt los ist, ohne es vom Herzen her abzulehnen oder zu bekämpfen. Denn das Licht kann ohne das Dunkle existieren. Wenn wir auch angesichts der vielen dunklen Dinge in der Welt das Licht aus unserem Herzen strahlen lassen, verändern sich dadurch auch unsere Gedanken und unser Handeln. Wir werden nicht mehr andere Menschen bekämpfen und sie als «böse» bezeichnen, denn wir handeln aus der Eigenverantwortung heraus und wissen, dass jeder Mensch seinen eigenen Weg geht. Wenn man anderen Menschen den eigenen Glauben aufzwingen will, hat das nichts mit Liebe zu tun. Wahres Licht erkennen wir daran, dass es einfach strahlt und sich nicht aufdrängt, auch der Dunkelheit nicht.

Das Unterscheiden von Täter und Tat

Das Bild von Licht und Dunkelheit hilft uns zu verstehen, wie die Quelle und das Abgespaltene zusammenhängen. Wer sich von der Quelle trennt, spürt die göttliche Verbindung nicht mehr und hat innere Blockaden aufgebaut. Dadurch beginnt man zu manipulieren und Energien zu rauben, weil man die Energie nicht mehr von der Quelle bekommt. Hier ist ganz wichtig zu verstehen, und ich werde es noch einige Male wiederholen: *Wir können uns von der Quelle trennen, aber die Quelle trennt sich nicht von uns! Das innere Licht ist immer da!* Wir können uns immer und sofort mit der Quelle verbinden, wenn wir das, was uns trennt, loslassen.

Diejenigen, die Böses tun, zeigen dadurch, dass sie sich von der göttlichen Quelle getrennt haben. Wir können sie dafür verurteilen, aber das nützt niemandem etwas und verstärkt nur die Spaltung. Diese Menschen brauchen unsere besondere Liebe und unsere Gebete. Auch ein schlimmer Verbrecher ist ein Teil von Gott, aber was er macht, ist nicht richtig. Gewisse Dinge, die Menschen tun, sind böse oder sogar extrem böse. Aber wir unterscheiden zwischen Täter und Tat. Das können wir jedoch nur, wenn wir die innere Verbindung mit der Quelle spüren und aus der bedingungslosen Liebe schöpfen.

Nur aus uns selbst heraus haben wir nicht die Kraft, sogar das Böse zu lieben und für diejenigen zu beten, die so etwas machen. Deswegen «müssen» wir zuerst für uns selbst beten und uns lieben, denn dann sind wir bewusst mit der göttlichen Quelle verbunden und bekommen eine Kraft, die über unsere persönliche, beschränkte Kraft hinausgeht. Die Quelle ist immer da, und die

Lichtwesen schöpfen aus dieser Quelle. Wir können uns immer an diese Lichtwesen, Engel und Schutzengel wenden, und durch die Verbindung mit ihnen bekommen wir die Kraft, wieder selbst die Perspektive des Lichts und der Liebe einzunehmen.

Natürlich können solche Lichtwesen und Engel auch inkarniert sein, und das sind Seelengefährten, die als Verwandte oder Freundinnen und Freunde Teil unseres Lebens sind. Der Himmel kann uns immer wieder auch Menschen vorbeischicken, die uns genau im richtigen Moment begegnen und uns das Richtige sagen, indem sie uns trösten, inspirieren oder aufrütteln.

Polarität und Dualität

Ganz wichtig für mich war es zu lernen, zwischen Polarität und Dualität zu unterscheiden. Denn es gibt Kräfte, die zusammengehören und damit eine Ganzheit bilden. Es gibt aber auch gegensätzliche Kräfte, die sich gegenseitig ausschließen und eben gerade keine Einheit bilden. Das sind unterschiedliche Ebenen und dürfen nicht vermischt oder vereinheitlicht werden.

Polarität sind die Kräfte («Pole»), die zusammengehören und eine Ganzheit bilden: eine Harmonie, ein Schöpfungsgleichgewicht, wie der Nordpol und der Südpol des Globus, oder die Prinzipien von weiblich und männlich, gebend und empfangend, Sonne und Mond, Tag und Nacht, usw. Hierher gehört auch das Symbol von Yin und Yang, das ich bereits im ersten Kapitel erwähnte: Yin steht für weibliche, Yang für männlich. Sie sind zwei und gehören doch zusammen. Wenn sie getrennt werden oder in eine Einseitigkeit fallen, geht der natürliche Zustand verloren, und das ist die *Dualität*.

Dualität entsteht durch Spaltung und erzeugt immer zwei Einseitigkeiten: das Zuviel und das Zuwenig. Dualität besteht aus gegensätzlichen Kräften, die sich gegenseitig ausschließen und dann auch gegenseitig bekämpfen. Das Tragische dabei ist: Dieser Kampf schlägt immer hin und her. Einmal gewinnen die einen und die anderen verlieren, und dann ist es wieder umgekehrt. Aber egal wer gewinnt, es entsteht nie wirklicher Friede, weil immer nur eine Einseitigkeit gewinnt, was die Spaltung verstärkt.

Wie bereits in Kapitel 1 erwähnt: Diese Kämpfe bestehen nur deshalb, weil die Ganzheit zerbrochen wurde und die beiden Einseitigkeiten für sich unvollständig sind. Wenn die Harmonie des männlichen und des weiblichen Pols im einzelnen Menschen gebrochen wird, geht diese Harmonie auch im Äußeren verloren, was dann zu einseitigen Strukturen und Glaubenssystemen führt. Auf der einen Seite begannen Männer, die Frauen zu unterdrücken und als ihren Besitz zu betrachten, auf der anderen Seite begannen auch die Frauen, aus ihrer männlichen Seite heraus zu wirken, um sich in einer Welt der Männer zu behaupten.

Wenn die Menschen ihren göttlichen Ursprung vergessen, und aus der harmonischen Ganzheit des Männlichen und Weiblichen fallen, dienen sie nicht mehr dem Schöpfungsgleichgewicht. Sie handeln egoistisch, ausbeuterisch und destruktiv. Weil sie in eine Einseitigkeit gefallen sind, fehlt ihnen etwas, aber dieser Mangel wird nun nach außen projiziert, und man meint, «die anderen» seien daran schuld. Wenn die anderen «schuld» an unserem Mangel sind, sind sie «die Bösen», und damit verlieren sich die Menschen in einem Teufelskreis. Das ist die Dualität von schlagen und zurückschlagen, Täter und Opfer, Krieg und erzwungenem Frieden, der zu einem nächsten Krieg führt. Der Ausweg ist, dass wir das wahre Gute und den wahren Frieden finden, indem wir wieder mit dem Schöpfungsgleichgewicht harmonieren und die innere Ganzheit finden, das heißt die echte Liebe.

Einheit und Vielheit

Schon früh hörte ich die Aussage «Einheit in der Vielheit, Vielheit in der Einheit», und ich spürte immer intuitiv, dass dies eine tiefe Wahrheit ist. Mit den obigen Erkenntnissen kann ich nun erklären, warum dem so ist. Einheit und Vielheit sind zwei Aspekte der Ganzheit, wir können auch sagen: zwei Aspekte Gottes. Wenn Gott nur Einheit wäre, gäbe es keine Vielheit, keine Liebe und keine Schöpfung. Wenn Gott nur Vielheit wäre, gäbe es keine wirkliche Einheit, das heißt, nichts, was das Verschiedene verbindet. Die Vielheit hätte keine Grundlage und wäre nur die Summe der Bestandteile. Wir wissen aber, dass das Ganze mehr ist als nur die Summe der Bestandteile, und das deswegen, weil die vielen Teile Ausdruck der Ganzheit sind. Hinter der gesamten Schöpfung wirkt eine göttliche Intelligenz, die wir darin erkennen können, dass alles in der Schöpfung eine lebendige Ganzheit bildet.

Einheit und Vielheit ist eine andere Bezeichnung für die ganzheitliche Liebe, die auch als bedingungslose Liebe bezeichnet wird. Wie oft sagen Menschen «Ich liebe dich» und meinen damit eigentlich: «Ich will etwas von dir.» «Ich bin allein und nicht glücklich, und du musst nun mit mir zusammen sein, damit ich nicht mehr allein bin. Du musst mich glücklich machen.»

Solche Beziehungen können natürlich funktionieren, und die Menschen lernen daraus sehr viel. Das Wichtigste jedoch, was es zu lernen gilt, ist, dass wir alle in uns eine Ganzheit sind und dass wir die eigene Einseitigkeit nicht durch Äußeres kompensieren können. Natürlich hat jeder Mensch etwas, was ich nicht habe, das ist Teil der Vielheit. Wir können uns gegenseitig beschenken und bereichern und ergänzen, aber nicht aus einem inneren Mangel heraus, sondern aus Liebe. Erst wenn Menschen, die ihre eigene innere Ganzheit gefunden haben, zusammenkommen, kann wirklich von Liebe gesprochen werden. Diese Menschen kommen nicht deshalb zusammen, weil sie vom anderen etwas wollen, sondern weil sie sich lieben. Das kann partnerschaftlich sein, gilt aber für jede Ebene unseres Lebens, auch für die Beziehung der Völker untereinander und die Beziehung von uns Menschen zu den Tieren und Pflanzen.

Das ganzheitliche Verständnis zeigt also, dass es sehr wohl möglich ist, in Liebe und Einklang zu leben, ohne dass man Gewalt, Krieg und das Böse braucht, um zu erkennen, dass Liebe und Einklang gut und göttlich sind. So stärken wir das Gute, die Harmonie und den Frieden auf der Erde, denn Gedanken erschaffen Realität und die neue Welt beginnt in deinem Herzen.

Erinnerung an das Goldene Zeitalter

In den letzten Jahrhunderten und Jahrtausenden war die männliche Energie in jedem Mann und in jeder Frau vorherrschend. Viele von uns spüren aber, dass es Zeiten gab, die viel weiter zurückliegen, in denen die weibliche und männliche Energie in jedem Menschen im Einklang war. Das war die Zeit, in der die Menschen in Liebe mit sich selbst und der gesamten Natur zusammenlebten und zusammenarbeiteten. Doch dann geschah es, dass die Menschen Schritt für Schritt – Zeitalter für Zeitalter – aus der Balance kamen und ein einseitiges Denken vorherrschend wurde. Viele Menschen fühlen sich allein, weil alte Systeme nicht mehr funktionieren und neue Wege sich zwar zeigen, aber noch zu wenig greifbar sind. Hier sind wir aufgerufen, diese neuen Wege zu gehen und keine Angst vor Veränderungen zu haben.

Liebe und Mitgefühl sind der Weg, um diese Transformation willkommen zu heißen und die Erfahrungen durch uns fließen zu lassen. Diese Ausrichtung führt uns in die Tiefe unserer inneren Quelle, die immer da ist. Das ist wichtig für dich und für den globalen Frieden wie auch für die Erde und den Kosmos.

Wir sind in einer Zeit, in der wir nicht mehr wegsehen können. Es ist sehr wichtig, dass du der Welt in die Augen schaust. Die Welt braucht dich. Du bist ein Erdenlicht. Es ist wichtig, dass du erkennst, dass du mit deinen Gedanken die Materie beeinflusst wie auch die geistige Welt.

Mit jedem guten Gedanken gibst du der Erde und den anderen Menschen neue Kraft.

Zeit des Wandels

Wir leben bereits seit einiger Zeit in einer Übergangszeit, die dahin führen wird, dass die Menschen die Spaltung und Trennung wieder heilen. Mutter Erde und Vater Sonne helfen den Menschen, wieder das natürliche Gleichgewicht zu finden. Die Sonne strahlt zunehmend mehr Energie auf die Erde, und gleichzeitig wird das Magnetfeld der Erde immer schwächer. Daran können wir erkennen, dass sich auch im Kristallzentrum der Erde Veränderungen vollziehen, und diese geschehen gemäß dem natürlichen Zyklus der Erde. Das hat auch Wetterveränderungen zur Folge. Alles geht im Moment sehr schnell. Alles wird transparent und sichtbarer, und die Frequenz auf der Erde verändert und erhöht sich. Deshalb ist es wichtig, dass wir diese Veränderungen in einem größeren Zusammenhang sehen.

Wir stehen am Beginn des Wassermannzeitalters, und «Wassermann» ist ein Luftzeichen. In einem Luftzeitalter gibt es andere Herausforderungen als in früheren Zeiten, in denen es darum ging, die Welt äußerlich zu verändern und materielle Objekte zu bauen. Jetzt ist es wichtig, in der geistigen Welt zu bauen, denn die materiellen Formen werden vom Geistigen her gebildet. Das Materielle ist in dieses Geistige eingebettet. Beides kommt wieder zusammen.

In den vergangenen Jahrhunderten haben sich die Menschen immer für das eine und gegen das andere entschieden. Stoffliche Welt oder geistige Welt. Männlich oder weiblich. Die Religionen sagten, das Geistige sei göttlich und das Stoffliche böse und sündhaft. Dann kamen die materialistischen Wissenschaften und sagten, nur das Stoffliche sei real und der Glaube an geistige Welten sei die Wurzel von allem Bösen. Wir leben jetzt in einer Zeit, wo es zur wichtigsten Aufgabe wird, dass wir Menschen diese Qualitäten in uns wieder ausgleichen.

Die Erde wird in der nächsten Zeit für materialistisch denkende Menschen eine große Herausforderung sein, weil sich alles verändern wird. Im Schnelltempo. Es ist wichtig, dass du offen bist für neue Wege. Alte Glaubensstrukturen fallen zusammen, auch alte Beziehungen und Familienstrukturen können sich lösen, und es ist wichtig, offen zu sein für neue Beziehungen und Lebensformen, die in der neuen Zeit besser zu dir passen. Es gibt eine geistige Familie (ich nenne sie Sternenfamilie), die dir den Weg zeigt und immer für dich da ist.

Dualität im Alltag

In Momenten von Unzufriedenheit, Unsicherheit, Selbstzweifeln und Mühsal kannst du erkennen, dass du fremden Gedanken Macht über dich einräumst, sodass es dir plötzlich wieder schwerfällt, dein inneres Licht in seiner vollkommenen Schönheit anzunehmen.

Es kann langsam kommen oder auch ganz plötzlich, wie angeworfen. Du sitzt zum Beispiel am Computer, dein Tag läuft gut. Du hast etwas Feines gegessen, ein paar gute Telefonate geführt und bist zufrieden. Und auf einmal fühlst du einen Energieverlust und verstehst nicht warum. Du fragst dich dann vielleicht: Habe ich zu wenig geschlafen? Habe ich Fieber? Oder denkt jemand negativ an mich? Ist es der Fernseher oder die Handy-Antenne von gegenüber? Irgendwann entscheidest du dich für eine Erklärung, damit der Verstand Ruhe gibt. Doch nach einer kurzen Phase kommt schon die nächste Störung.

Wir haben die Tendenz, immer nach äußeren Lösungen zu suchen. Wenn zehn Menschen das gleiche Problem haben, finden alle eine andere Lösung aufgrund ihrer jeweiligen Veranlagung.

Wenn wir aus einem Affekt heraus handeln, haben wir keine ganzheitliche Sicht mehr. Die geistige Welt spricht immer zu uns, doch wir können die Botschaften kaum oder gar nicht empfangen, weil die Leitung besetzt ist durch das viele Denken.

Wir wollen jedoch die wirkliche innere Stimme hören, die Stimme des Herzens, nicht die Stimme der mentalen Programme. Im Herzen findest du die Kraft, um die chaotischen Wellen wieder zu ordnen, und mit dem Herzen spürst du auch, was dir guttut und deinem Wesen tiefer entspricht. Der schöne Satz aus dem Buch *Der kleine Prinz*, «Man sieht nur mit dem Herzen gut, das Wesentliche ist für die Augen unsichtbar», bekommt hier eine tiefere Bedeutung.

Leben im Licht des Herzens

Möchtest du immer mehr deinem Herzen vertrauen? Immer mehr mit Menschen zusammen sein, die dich respektieren und wertschätzen? Wenn du das möchtest, entwickelst du den Mut und die Kraft, dich von allem zu lösen, was dir nicht guttut. Das können äußere Situationen und Sachzwänge sein, gewisse Beziehungen oder auch Gewohnheiten. Bitte versuche nicht, dich einfach damit abzufinden, sondern löse dich aktiv davon, damit du frei wirst für das Leben, das wirklich für dich gedacht ist.

Das heißt nicht, dass du von heute auf morgen alle Menschen in deinem Umfeld loslassen musst. Doch wenn du dir bewusst bist, was du nicht mehr möchtest und was dich von deiner Ganzheitlichkeit trennt, wenn du das Gute und Neue in dir stärkst, fällt das, was nicht mehr zu dir gehört, wie von selbst von dir ab. Das gleiche Prinzip gilt bei einer Krankheit. Wenn du dieser Krankheit nicht mehr so viel Beachtung schenkst, sondern dein Bewusstsein auf andere Facetten deines Seins richtest, kannst du die neue Energie immer mehr verinnerlichen, und das, was Schwere und Leid verursacht hat, fällt von dir ab.

Wenn du nur sagst: «Ich versuche», und dich nicht wirklich entscheidest, dann werden dich diese vielen Versuche mental und physisch ermüden. Doch wenn du bereit bist, loszulassen und deinem Herzen vertraust, wird dich das Leben mit den vielen Wundern überraschen, die es für dich bereithält.

Beten und meditieren allein genügen nicht, um loszulassen. Es braucht deine Entscheidung und den Mut, dich von dem zu befreien, was deinem Körper und deinem Herzen nicht guttut. Damit entscheidest du dich für den Weg der Schöpferin und des Schöpfers.

Du hast einen Seelenplan. Du willst und kannst geistig schöpfen und dein Seelenlicht in die Welt strahlen lassen, welche Form auch immer du im Äußeren wählst. Es geht zuallererst um die innere Entscheidung und Ausrichtung, dann zeigt sich wie von selbst, was die nächsten Schritte im konkreten Leben sind.

Deine Lebensaufgabe möchte von dir empfangen und gelebt werden. Solange du dich mit dem Schweren und Negativen identifizierst, kann dein Körper nicht das Gute empfangen. Doch von dem Moment an, wo du beschränkende Muster und fremde Gedanken loslässt, wird dein Kanal offen für dein wirkliches Potenzial. Es ist alles da und wartet darauf, dass du es empfängst und diese Geschenke mit dir und der Welt teilst.

Der Weg, der sich dir durch dieses Buch öffnet,
ist ein Weg des Herzens,
auf dem du dich für deinen Seelenplan und den Herzensweg
entscheidest, und zwar ganz und voller Überzeugung.
Ein Weg, auf dem du dir selbst das Versprechen gibst,
deiner inneren Führung und Weisheit zu vertrauen.
Das heißt, dass du dich dem Guten zuwendest
und dich löst von allem, was dich
von deiner inneren Quelle, dem inneren Licht, trennt.

Ich weiß, dass das vielleicht kompromisslos klingt. Ich kann nur aus eigenen Erfahrungen sprechen. Ich habe schon mehrfach versucht, mit Menschen einen Einklang zu finden, eine Beziehung zu retten oder Menschen zu überzeugen, dass sie mich verstehen. Andere wiederum haben versucht, mich zu überzeugen und mit mir in Resonanz zu treten.

Ich habe im Verlauf meines Lebens verstanden, dass das Universum diesbezüglich sehr einfach funktioniert: Es gibt Energien, die kompatibel sind, und andere, die es nicht sind. Alle Menschen zu lieben, bedeutet nicht, dass wir alle Menschen mögen müssen! Schon seit meiner Jugend sage ich zu mir: «Ich werde lieber gehasst für das, was ich bin, als geliebt für das, was ich nicht bin.»

Wir dürfen spüren, was kompatibel ist, und diesem Weg vertrauen und folgen. Der kompatible ist nicht der bequeme Weg! Es ist jedoch der Weg, der zu dir passt und für dich vorgesehen ist. Du darfst dich auf diesen Fluss des Lebens einlassen und dich öffnen für die lichtvollen Energien, die zu dir und durch dich wirken möchten. Du kannst es nicht erzwingen, aber du kannst dich einstimmen, das Gute einladen und dich für das Gute entscheiden, und diesen Weg mit voller Überzeugung gehen.

Auf deinem Weg der Wahrhaftigkeit mag dir einiges fremd und neu vorkommen, doch nur so ist es möglich, dich von alten Denkmustern zu lösen und in dein Potenzial zu kommen. Es kann sein, dass es für dich immer wieder wie ein freier Fall ist, und dass du aus Angst zurück möchtest, weil es bequemer ist. Doch es lohnt sich, den ganz eigenen individuellen Weg zu gehen. Und es ist dein Lebensrecht, glücklich zu sein. Es gibt keine ausweglosen Situationen. Du weißt, dass es immer einen Weg gibt, und dass sich immer wieder Türen öffnen für jeden von uns.

3
Aus meinem Leben

Es gab eine Zeit in meiner Kindheit, als ich dachte, wenn ich erwachsen bin, steht mir die ganze Welt offen und ich kann alles tun, was ich möchte. Doch schon bald hat sich meine Sicht auf mein Älterwerden verändert und mir wurde immer mehr bewusst, dass Kind zu sein doch noch schön ist. Ich habe beobachtet, dass sich die Erwachsenen viele Sorgen machen, und aus der Angst heraus mit anderen streiten, wütend sind auf sich und andere, wenig Selbstbewusstsein haben und sich dadurch von Umfeld oder den Medien beeinflussen lassen.

Ich wusste, dass ich mich nicht so fühlen möchte, wenn ich Erwachsene bin und habe seitdem angefangen, mir positive Vorbilder zu suchen, die für mich Kraft, Vertrauen, Mut, und Zuversicht ausstrahlten. Diese Vorbilder habe ich in religiösen Schriften gefunden. Engel und die geistige Lichtwelt wie auch die Naturwesen wurden immer präsenter und ein natürlicher Bestandteil meines Lebens und Bewusstseins. Die geistige Welt hat mir viel über die Gefühle der Menschen erzählt, so dass ich immer mehr verstanden und gefühlt habe, wie sehr wir eingebunden sind in ein kollektives Feld und geprägt werden in unserer Kindheit, und dass wir auch Erfahrungen mitbringen in dieses Leben, die noch viel weiter zurück gehen. Durch die intensive Beziehung mit der geistigen Welt war es mir möglich, mich aus verschiedenen kollektiven Bewusstseinsfeldern heraus zu lösen und meinen ganz eigenen Weg zu gehen und genau diese Erfahrungen möchte ich mit Dir teilen, dass auch du immer mehr Dein Leben auf deine ganz eigene Art und Weise leben kannst, so wie es richtig ist für dich.

Durch meine Hochsensitivität kann ich mich sehr gut in andere Menschen hineinfühlen und sie verstehen. Alle Wesen sind wundervoll, und ich bin sehr dankbar, so viele Menschen auf ihrem Weg begleiten zu dürfen. Verbindendes Element ist, dass wir alle Höhen und Tiefen erleben und bemüht sind, unseren Seelenplan zu erkennen und unsere Lebensaufgaben besser zu verstehen und zu erfüllen. In diesem Kapitel möchte ich auf meine Geschichte des Alleinseins eingehen und schildern, wie ich selbst aus dieser Illusion der Trennung herausgekommen bin, denn auch ich darf mich immer wieder daran erinnern, dass wir immer begleitet sind.

Eines Besseren belehrt...

Mein Elternhaus am Stadtrand von Schaffhausen liegt in der Natur und hat einen großen Garten mit wunderschönen Bäumen und Blumen, weshalb ich mich von klein auf in meinem eigenen Naturreich bewegen und entfalten konnte, wofür ich meinen Eltern sehr dankbar bin. Ich konnte meine inneren Welten zum Erblühen bringen. In den äußeren Welten fühlte ich mich manchmal wie eine «Außerirdische». Ich reagierte intensiv auf äußere Einflüsse und sah gleichzeitig die Welt anders als die Menschen in meinem Umfeld. Mit meiner Hochsensitivität war ich anfänglich weitgehend allein und musste als Jugendliche Wege finden, um die Herausforderung mit dieser geistigen Wahrnehmung in mein Leben zu integrieren.

Mit siebzehn Jahren zog ich in eine eigene Wohnung. Ich wollte einen «normalen» Beruf erlernen und begann eine Lehre. Ich musste die Lehre jedoch abbrechen, weil dieser Lebensweg mich krank machte. Mein Körpersystem reagierte mit starken Symptomen. Ich erkannte, was ich schon vorher gespürt hatte, nämlich, dass ich meine geistige Begabung auch beruflich umsetzen sollte. Aber ich sah keinen mir bekannten Beruf, der infrage kam. So schlug ich mich mit verschiedenen Jobs durch, um mir Ausbildungen zu finanzieren, die mir halfen, meine Begabungen besser zu kanalisieren. Erst durch das Verwirklichen meiner Lebensaufgabe fand ich zu meiner Gesundheit und immer mehr zu meiner inneren Stabilität. Mit Anfang 20 machte ich mich selbstständig.

Wie durch ein Wunder fanden schnell viele Menschen zu mir. Geschäftsleute suchten meinen Rat, Bankiers, Politiker, Sportler, Menschen aus allen Berufsgattungen, auch Eltern mit Kindern. Ich staunte selbst, wie der Rat der geistigen Welt den Menschen helfen konnte, und dies stärkte auch mein Vertrauen in meine Begabungen.

Durch gute Fügungen kam es in dieser Zeit 2008 bis 2012 zu mehreren Fernsehauftritten, auch im Schweizer Fernsehen, und Zeitschriften schrieben Artikel über mich. So bekam ich die Gelegenheit, meinen Beruf in der Öffentlichkeit vorzustellen und über das Phänomen der Hochsensitivität zu sprechen. Die vielen positiven Feedbacks zeigten mir, dass mein Beruf akzeptiert wird. Nachdem ich als Teenager mich selbst als «komisch» empfunden hatte, wurde ich hier im wahrsten Sinne des Wortes eines Besseren belehrt und erkannte, dass ich nicht der einzige Mensch bin, der über solche Begabungen und Wahrnehmungen verfügt und aus diesen Fähigkeiten einen Beruf gemacht hat.

In dieser beruflichen Hochphase sprachen mich auch zwei große Verlage an, die mit mir ein Buch produzieren wollten. Der Gedanke war natürlich schön, ein eigenes Buch zu veröffentlichen, und diese Angebote waren eine große Chance! Aber es war für mich nie eine Frage, dort einzusteigen. Ich spürte, dass es zu früh war. Ich wollte nicht einfach ein Buch schreiben, nur um ein Buch zu haben.

Die innere Stimme sagte mir, dass später wieder Chancen kommen werden, und zwar genau dann, wenn es richtig ist und auch für mich stimmt. Mir ging es darum, mir selbst treu zu sein. Ich wollte nicht einfach «Karriere» machen und entschied mich an diesem Punkt scheinbar für das Gegenteil. Ich verließ das Rampenlicht, denn auf dem Weg meines Seelenplans spürte ich den Ruf, Mutter zu werden. Im Jahr 2010 wurde mein Sohn geboren. Er ist mein größtes Geschenk und mein wichtigster Lehrer, der mir nochmals neue Aspekte meiner Wahrnehmungsgabe zeigt.

Rückblickend kann ich sagen, dass es vor allem mein Lebensweg war, der mich geschult hat und weiterhin schult. Die geistige Welt war und ist in meinen inneren wie äußeren Welten meine Lehrerin und meine «Hochschule» und begleitet mich täglich.

Du hast einen Schutzengel, der dich durch deine Inkarnation begleitet

Die Engel sind dir gute Ratgeber. Schon bevor du geboren wurdest, wusste deine Seele, warum sie hierherkommen wollte. Vielfach wird gesagt, dass wir die Faktoren unseres physischen Körpers und der Umgebung, in die wir hineingeboren werden, selbst auswählen. Das stimmt ganz sicher bis zu einem gewissen Grad, aber es sind immer auch noch viele andere Faktoren wirksam, die wir in der großen Gesamtheit des Lebens mit unserem Verstand nicht alle überblicken können.

Wenn du in ein Erdenleben einsteigst, bekommst du, bildlich gesprochen, einen Koffer mit auf die Reise. Dieser Koffer enthält deine Fähigkeiten und Talente, deine Intuition und deine Herzenskräfte und den Seelenplan für deinen Weg auf dem Schulungsplaneten Erde. Dein Wissen, das du in diesem Koffer mit dir trägst, bringt sowohl Verantwortung als auch Chancen mit sich. Es kann sein, dass du den Koffer manchmal als Last empfindest, aber eigentlich ist er eine Schatztruhe. Oder der Koffer ist einfach die Verpackung der Schatztruhe – dann darfst du im Koffer deinen ganz persönlichen Schatz entdecken!

Was hier als Schatztruhe bezeichnet wird, ist dein geistiges Herz. In diesem heiligen Raum ist eine Kraft, die unantastbar ist und dich immer begleitet. In den äußeren Welten wirst du immer wieder geprüft, und dann kommt es darauf an, dass du diesen unantastbaren Ort in dir nicht verlässt. Und wenn du auch manchmal aus dieser inneren Verwurzelung herauskippst und denkst, du seiest allein, ist es niemals so. Denn deine ursprüngliche Heimat trennt sich nie von dir.

Erinnerung an den Schutzengel bei meiner Geburt

Mein Verstand kann sich natürlich nicht an meine Geburt erinnern, weil der Verstand an Raum und Zeit gebunden ist. Doch ein anderer Bereich in mir, ich würde diesen Teil geistiges Bewusstsein oder höheres Gedächtnis nennen, kann diesen Tag noch genau abrufen und sich erinnern.

In meinen inneren Welten kann ich sehen, wie ich im Bauch meiner Mutter liege. Ein Gefühl in mir spürt, dass ich damals genau wusste, dass ein großes Abenteuer auf mich wartete. Mir ist ein bisschen mulmig, wenn ich diesen Moment in mir so wahrnehme. Doch ich weiß auch, dass die geistige Welt schon damals an meiner Seite war.

Ich kann fühlen, dass unser Schutzengel schon lange, bevor wir überhaupt in den Körper inkarnieren, für uns da ist. Die geistige Welt mit den Schöpferwesen begleitet uns durch die verschiedenen Ebenen unseres Seins hindurch.

Ich kann mich genau erinnern, wie dieses Licht sich neben mich gelegt hat. Wenn ich dieses Licht mit Worten beschreiben soll, dann sieht und fühlt es sich so an, als ob das Licht eine wellenartige Struktur hatte, die aus vielen Lichtpunkten bestand, und diese Energie bewegte sich schnell und fließend gleichzeitig.

Meine Geburt oder die Ankunft hier auf der Erde war für mich nicht ganz einfach. Ich habe fast keine Luft bekommen. «Ganz schön merkwürdig da draußen in dieser dichten Luft.» Vor allem kann ich mich erinnern, dass es sehr laut war. Es ist für ein Baby sehr laut im Gegensatz zu den Welten, aus denen wir kommen. Einen physischen Körper zu haben, ist ja schon eine sehr neue Erfahrung, da wir in den geistigen Welten keinen solchen haben, sondern einen feinstofflichen. Ich kann mich immer wieder an die Stimme in meinem Herzen erinnern, die zu mir gesagt hat, dass ich mich beruhigen soll und dass ich hier auf Erden sehr willkommen bin.

Der Engel sagte zu mir: «Du bist nicht allein! Die geistige Welt ist an deiner Seite.»

Kinderwelt, Kinderfantasien?

Kinder haben eine starke Fantasie und viele Kinder leben in Fantasiewelten. Aber sind diese Welten, die wir als Kinder gesehen und mit kindlichen Worten beschrieben haben, nur Fantasiewelten? Wie für viele Kinder waren für mich diese «Fantasiewelten» genauso real wie die sichtbare Welt – oder sogar noch realer. Heute kann ich auch mit meiner rationalen Seite sagen, dass diese Welten real sind. Sie sind Aspekte des multidimensionalen Kosmos, und wir können sie sowohl mit mythischen Bildern und kindlichen Worten als auch wissenschaftlich beschreiben. Diese Welten sind gegenwärtig, und jeder Mensch hat Kontakte mit ihnen gehabt oder Bilder von dort empfangen, aber die heutige Welt blendet dies auf der «normalen» Ebene aus und tut so, als sei die stoffliche Welt die einzige.

Immer mehr Menschen bekommen jedoch einen bewussten Einblick in die geistigen Welten, diese Wahrnehmung wird unser Schulwissen erweitern und die alten Rahmen sprengen!

Eine ganz besondere Rolle kommt dabei den heutigen Kindern zu, weshalb ich hier kurz aus meiner Kindheit erzählen möchte. Wenn die heutigen Kinder ihre multidimensionale und universelle Sicht behalten und reifen lassen können, werden sie als Erwachsene ganz anders mit der Welt und mit anderen Menschen umgehen als die heutigen Erwachsenen, vor allem wenn sie in einflussreiche Positionen kommen.

Als Kind war für mich die «Fantasiewelt» viel farbiger, schöner und interessanter als die normale Welt. Aufgrund meiner Wahrnehmungen hatte ich eine besondere Beziehung zur Natur, den Naturwesen und zu den Engeln. Besonders intensiv waren die Spiele mit anderen Kindern im Hof des kleinen Schlösschens, das in unserer Nähe lag. Hier traf ich immer meine Löwen, auf denen ich wild durch die Gegend ritt. Das machte mir große Freude und gab mir viel Kraft. Von außen sahen die Erwachsenen einfach Kinder, die schrien und durch die Gegend hüpften.

Sehr früh wandte ich mich der Christusgestalt zu. In den Kirchen nahm ich die farbigen Bildchen mit und zeichnete zu Hause Christusbilder. Christus war für mich nicht einfach ein Mann, der in der Kirche wohnt, sondern ein Begleiter, so wie die Schutzengel und die anderen Lichtwesen, die ich wahrnahm, aber er war besonders nah und besonders deutlich präsent.

Interessant ist, dass ich diese Stimmen und Eindrücke, die in mir und auch in meinem Körper gespeichert sind, bis heute nicht vergessen habe. Viele Menschen, auch wahrnehmungsbegabte und hochsensitive Menschen, vergessen nach der Kindheit diese mystischen Erfahrungen, bis sie sich dann wieder bewusst der geistigen Welt zuwenden.

Bei mir war es immer so. Ich würde sogar sagen, dass die inneren Welten für mich realer waren als die äußeren, und das bis heute. Mich irritierte immer, dass die Menschen so oft etwas ganz anderes sagten, als was sie fühlten, und etwas anderes dachten, als was ihnen ihr Herz sagte. Das ist bis heute sehr verwirrend für mich. Aber ich verstehe heute, dass viele Menschen ihre Gefühle unterdrücken und ihr ursprüngliches Wesen nicht wirklich wahrnehmen können, sondern sich mehr mit ihrem Körper und dem Verstand und mit dem, was sie sehen, identifizieren. Meine innere Führung war für mich immer natürlich, ebenso das ganzheitliche Verständnis für gewisse Zusammenhänge.

Als Kind konnte ich individuelle Beziehungen zu den Menschen in meiner Umgebung nicht so gut aufbauen wie andere Kinder, weil ich mich mehr als Teil des großen Ganzen sah. Ich habe mich daher in der normalen Welt oftmals allein gefühlt, doch das hat sich im Verlauf meines Lebens immer mehr verändert, und ich habe erkannt, dass es viel mehr Menschen gibt, als ich dachte, die einen bewussten Zugang in die tieferen Ebenen ihres Seins haben, und dass wir alle zusammen auf dem gleichen Weg zum selben Ziel sind.

Auf dem Schulweg mit sieben Jahren... und eine besondere Begegnung

Ich hatte einen relativ langen Schulweg, und in den ersten Schuljahren trödelte ich gern, denn auf dem Schulweg gab es immer etwas Spannendes zu entdecken: schöne Steine, Schmetterlinge, Blumen, Vögel, Farben und Energien um die Bäume, glitzernde Lichter und in besonderen Momenten auch bunte Fontänen, die aus den Bäumen sprühten.

Ich sah um alle Lebewesen herum Regenbogenfarben. Ich wusste, das ist das Kleid der Welt, der Mantel von allem, was existiert. Doch da ich wie ein «Hans Guck-in-die-Luft» durch das Leben schwebte, brauchte ich für alles immer viel länger als andere Kinder. Die anderen fanden mich etwas seltsam und konnten viele meiner Wahrnehmungen nicht ganz verstehen. Ich kam oft viel zu spät, und vor allem hatte ich über Mittag keine wirkliche Erholungszeit, da ich nach kurzer Zeit schon wieder los musste. Und der Rückweg in die Schule war genauso lang und genauso voller Überraschungen wie der Heimweg! Aufgrund der Reaktionen der Erwachsenen verstand ich aber bald, dass ich eine Lösung finden musste. Aber was sollte ich machen?

Eines Tages hatte ich auf dem Schulweg eine Vision. Ich sah und spürte in meinem Herzen ein ganz besonderes Wesen, ein Einhorn. Es schaute mich mit goldenen Augen an und sagte, dass es mich unterstützen werde, schnellere Beine zu haben, dass es mich tragen und mitnehmen werde, und dass ich dann so schnell sein werde wie der Wind. Ich fühlte große Dankbarkeit für diese Hilfe und wusste, dass dies die Lösung war. Ich konnte ganz klar fühlen, wie die Energie des Einhorns meinen Körper bewegte und mit Energie füllte, und es war, als wenn ein Teil von mir zu diesem Einhorn wurde. Meine Haut war wie das Fell, und ich spürte die feinen Ohren, den intensiven Geruchsinn und die Augen, durch die ich die Welt noch mal anders sehen konnte.

Da habe ich das erste Mal bewusst erlebt, dass wir auf verschiedenen Ebenen gleichzeitig existieren und jederzeit unsere Energie verändern können. Ebenso können Buben sich als Indianer, Piloten oder Steppenreiter sehen, oder als was auch immer. Wenn sie in dieses Gefühl hineingehen, dann sehen und spüren sie sich in dieser Form. In meinem Erlebnis stieg eine solche Kraft in mir hoch, dass ich dachte: Wenn das möglich ist, was ist dann sonst noch möglich? Was kann ich sonst noch verändern in meinem Leben? Wie kann ich mich sonst noch erfahren?

Diese Erfahrung gab mir das Vertrauen in die vielen weiteren Erfahrungen, die auf mich warteten. Juhu, dachte ich, das Leben ist so schön und interessant. Diese Einhornenergie war etwas ganz Besonderes. Sie öffnete mir die Tür für die nächsten Schritte in meinem Leben. Das Einhorn trug mich von da an jeden Tag, und meine Beine waren so schnell wie der Wind. Ich hatte das Gefühl, ich würde zur Schule fliegen.

Manchmal wollte ich dennoch auch so sein wie die anderen Menschen, einfach «normal». Doch irgendwann habe ich erkannt, dass es sehr langweilig sein muss, immer alles gleich wahrzunehmen, und ich habe mich entschieden, dass es ganz gut ist, die Welt in Farben zu sehen, und ich habe mein Sein immer mehr angenommen. Die Zweifel vergingen relativ schnell, und meine Einstellung zu mir selbst und der Welt erfuhr eine zunehmende Erdung. In meiner Entwicklung kam ich schon bald an den Punkt, wo ich mir sagte, dass die Welt, wie ich sie wahrnehme, meine ganz persönliche Art der Realität ist, und dass ich diese Realität ganz für mich leben kann, ich muss sie nicht nach außen tragen. So habe ich angefangen, meine inneren Welten zu entdecken und immer mehr kennenzulernen.

Meditative Bilder aus der Jugendzeit

Täglich geschieht es, dass wir vergessen, wer wir sind, und täglich können wir uns wieder daran erinnern. In meiner Jugendzeit habe ich meditative Bilder empfangen, die mir im täglichen Leben Trost und Kraft spendeten. Ich möchte hier zwei dieser Bilder mit dir teilen, als Inspiration für dein Leben und als Erinnerung an deine eigenen inneren Bilder in der Jugendzeit. Ich rekonstruiere hier diese Bilder, indem ich sie für dich als kurze Meditationen ausformuliere.

Die Liebe im Herzen: *Verbinde dich mit deinem Herzen und lege deine beiden Hände auf dein Herz. Fühle deinen heiligen Ort in dir. Spüre dein Licht. Du hast in dir eine Quelle, die immer leuchtet und dich unablässig mit Energie versorgt. In der*

Verbindung mit dieser Quelle spürst du deine innere Liebe, die dich erfüllt und durchströmt. Betrachte deine innere Liebe als dein Lichtkind. Stell dir vor, wie dieses Lichtkind in deinem Herzen auf einem kristallenen Thron sitzt. Das Lichtkind hält eine Kerze in der Hand. Mit diesem Licht können wir die Lichter und Kerzen der anderen Lichtkinder entzünden. Sieh und spüre das Licht der Welt in dir. Sieh das Licht der Natur und ihrer Lebewesen, die Lichter der Bäume, die Lichter der Pflanzen. Fühle diese Lichter der Natur in dir. Höre den Herzschlag von Mutter Erde. Habe Vertrauen in das, was sich in dir zeigt. Bedanke dich bei deinem inneren Lichtkind. Diese Liebe ist das Geschenk der Quelle und die Kraft deines Herzens.

Die Kraft von Mutter Erde: Du siehst in deinem Herzen das innere Lichtkind auf einem kristallenen Thron. Aus dieser Herzenergie heraus formt das innere Lichtkind eine Kugel aus reiner Liebesenergie, die in alle Himmelsrichtungen strahlt. Sende diese Kugel zum Herzen der Mutter Erde. Wenn Mutter Erde mehr und mehr Liebesenergie von uns erhält, kann sie sich heilen und transformieren. Du kannst diese Kugeln aus Liebesenergie überall verankern, unabhängig davon, wo du gerade bist. Mutter Erde ist ein Teil von uns und wir von ihr. Wenn wir sie unterstützen, dann stärken wir die Welt und uns selbst und helfen mit, das Lichtkind im Herzen der anderen Menschen zu erwecken.

Visualisierung: Herzreise in die geistige Welt

Ich liebe es, einfach dazuliegen und mein Herz zu fühlen. Ich freue mich jetzt schon darauf, dir später im Buch mehr darüber zu berichten und dir schöne und einfache Übungen mitzugeben, die dir Spaß machen, dein Herz beflügeln und dir die Möglichkeit geben, deine ganz persönliche Herzreise zu erleben.

Als ich etwa fünfundzwanzig Jahre alt war, habe ich mich, wie schon so oft, mit meinem heiligen Raum im Herzen verbunden. Zuerst war alles so wie immer. Ich begab mich in den heiligen Raum meines Herzens, der wie der Hauptraum ist, in dem ich auf der inneren Reise als erstes ankomme. Von diesem sicheren Raum aus kann ich in die Unendlichkeit der inneren Welten reisen. Doch nun war die Tür, durch die ich normalerweise gehe, verschlossen. Ein irritiertes Gefühl breitete sich in mir aus.

Da kam mir auf einmal der Gedanke, eine andere Tür meines Herzraums zu öffnen. Ich sehe den Herzraum in einer runden Form, rundherum mit Fenstern, wie eine Bergstation. Von diesem Ort aus schaue ich in die lichtvollen Welten. Die Landschaften können sich immer wieder verändern. Einmal ist dort Wasser, wenn ich hinausschaue, wie eine Unterwasserwelt, ein anderes Mal eine steinige Landschaft oder eine Wüste und manchmal einfach die dunkle Tiefe des Weltalls mit Sternen anderer Welten oder einfach Licht oder Farben, die an meinem Raum vorbeiziehen.

In dem Moment, wo mir der Gedanke kam, dass es vielleicht noch eine andere Tür gibt, die ich öffnen könnte, zeigte sich auf dem Boden ein helles Licht. Ich fühlte, ich darf mich in dieses Licht stellen. Das Licht war wie eine goldene Flüssigkeit. Ich stellte mich hinein und konnte fühlen, dass die goldene Flüssigkeit warm und angenehm war, ich sank immer mehr in dieses Licht hinein. Wie ein tiefes Becken oder eher ein Durchgang in eine andere Dimension, so fühlte sich die Flüssigkeit an. Auf einmal sank ich durch den Boden und stieg in einer anderen Welt oder anderen Dimension wieder auf. Alles war flüssig, keine Materie. Reines Bewusstsein, reine Bewusstheit. Stille, Ruhe und doch innere Klänge, die ich bisher noch nie gehört hatte. Farben wie Wellen. Reine Energiepunkte, die einen Schweif hinter sich herzogen. Diese Farben und Lichter formten sich immer mehr zu einer Lichtexistenz, zu einem Engel. Der Engel umarmte mich und hüllte mich in helles Licht ein. Ich fühlte mich vollkommen geborgen. Die Energie, die Schwingung, die Flügel des Engels hoben mich empor ... überall um mich herum waren Farben. Ich spürte in mir und um mich so viel Dankbarkeit und Liebe.

Auf einmal realisierte ich, dass ich den heiligen Raum meines Herzens nur noch von Weitem sah, doch dann zeigte sich mir etwas, was mein ganzes Leben veränderte. Es gab immer wieder Einweihungen in meinem Leben, und dies war eine ganz besondere.

Ich konnte auf einmal sehen, dass der heilige Raum sich nicht auf einem Berg befand, wie ich anfänglich wahrgenommen hatte (ich bezeichnete ihn deshalb vorhin als «Bergstation»), sondern auf einem Planeten. Und ich sah, dass mein Raum nicht der einzige Raum auf diesem Planeten war, sondern dass da Tausende waren, jeder wie ein Lichtpunkt. Unser Planet war wiederum ein Lichtpunkt unter vielen anderen! Unser Lichtplanet war wie ein Wesen oder eine Heimat, und jeder Raum war Teil davon und damit auch Teil des *Bewusstseins* dieses Planeten. In meinem Herzen spürte ich auf einmal eine neue Kraft, wie ich sie bis dahin noch nicht kannte. Ich wusste nun, ich bin Teil einer geistigen Familie, und viele aus dieser Familie sind auch auf der Erde! Ich fühlte so viel Mut und Zuversicht.

Doch es war alles so vollkommen, und für mich war in diesem Moment klar, dass ich diesen Ort nie mehr verlassen wollte. Endlich war ich wieder zu Hause.

Ich sagte dem Engel: «Danke, dass du mich nach Hause gebracht hast.»

Da sprach der Engel: «Liebes Erdenlicht! Ja, das ist dein Zuhause, es ist immer lebendig in dir, in deinem Herzen. Deine Heimat ist allgegenwärtig. Du bist immer verbunden mit deiner Quelle. Doch wir müssen diesen Ort jetzt wieder verlassen. Du musst zurück, denn du hast in der stofflichen Welt eine Aufgabe. Wir haben dich bewusst auf die Erde gesandt mit einer bestimmten Aufgabe. Du hast einen Seelenplan – so wie jeder Mensch auf der Erde. Du darfst jetzt zurück, da gibt es einiges zu erledigen auf der Erde. Konzentriere dich auf deine Aufgabe.»

«Was ist denn meine Aufgabe?», fragte ich.

Der Engel sagte: «Dein Wissen in die Welt tragen, das, was du in deinen inneren Welten sehen kannst, nach außen tragen und mit der Welt teilen. Die Menschen daran erinnern, dass auch sie eine geistige Heimat haben und immer verbunden sind mit ihrer Herkunft und Quelle.

Es gibt verschiedene Heimatplaneten, doch ich werde dir das alles später genauer zeigen. Gehe jetzt zurück. Du bist geliebt und unterstützt.»

Es war für mich sehr schmerzhaft, wieder in die Materie einzutauchen, doch ich wusste, dass es richtig war. Für mich war es nur natürlich, auf diese innere Stimme zu hören.

Ich vertraute dem Engel voll und ganz und wusste, ich musste zurück und wollte es auch.

Und auf einmal waren da diese Kraft und das Wissen, dass alles gut ist. Der Engel gab mir noch diese Worte mit auf den Weg: «Liebes Luftwesen, du kannst jederzeit in diesen Raum eintreten, denn du bist bereits da.»

Ich fragte mich, warum der Engel mich Luftwesen nannte ... und bevor ich länger überlegen konnte, war ich wieder in meinem Körper, in dem mir bekannten Wohnzimmer.

Von diesem Moment an wusste ich, in mir ist eine neue Kraft geboren. Ich fühlte so viel Dankbarkeit – und bin jetzt so dankbar, diese Erfahrungen an dich weitergeben zu können. Die geistige Welt begleitet dich im täglichen Leben, sie kommuniziert mit dir durch das Herz und ist immer allgegenwärtig.

4
Co-Kreation mit der geistigen Welt – wie wir gemeinsam wirken können

Ich habe in meinem Leben nur sehr wenig gelesen und ging meinen ganz eigenen Weg. Natürlich gehört zum Wirken der geistigen Welt auch, dass sie uns zur richtigen Zeit die richtigen Bücher und Informationen zukommen lässt und uns mit den richtigen Menschen zusammenführt. So habe ich auch aus persönlichen Begegnungen viel gelernt. Dadurch kann ich nun vieles, was ich gefühlsmäßig verstehe und intuitiv erfasse, auch verstandesmäßig nachvollziehen und ausformulieren.

Ich wusste innerlich, dass ich meinen ganz eigenen Weg finden musste.

Die Geistige Welt

Immer wieder werde ich gefragt: «Was ist denn die geistige Welt?» Viele Menschen haben das Gefühl, die geistige Welt sei irgendwo weit weg, während wir hier auf der Erde sind. Sie denken, dass die geistige Welt von der stofflichen Welt getrennt sei und entfernt von ihr existiere. Meine Antwort ist: *Wir* sind die geistige Welt!

So wie wir mit unserem Bewusstsein und unseren Energien unseren stofflichen Körper durchdringen und beleben, so durchdringt und belebt die geistige Welt die stoffliche Welt. Wir sind ein Teil des

Ganzen, und das Ganze ist in seinem Urzustand geistig und bringt das Stoffliche hervor, ähnlich wie das Meer an seiner Oberfläche die Wellen hervorbringt. An der Oberfläche transformiert sich das Wasser in Dampf oder es bildet sich Eis. Aber immer ist Wasser die Grundlage und die Ursubstanz.

Die geistige Welt ist unsere Essenz. Unsere Heimat. Von dort kommen wir. Und sie trägt uns. Unser Dasein auf der Erde und die physische Welt, in der wir leben, sind Ausdruck der geistigen Welt.

Deshalb ist es auch sehr wichtig, den Körper miteinzubeziehen. Der Körper ist Teil der geistigen Welt. Die materielle Welt ist in die feinstofflichen Welten eingebettet, und alles wird von der göttlichen Energie und vom göttlichen Bewusstsein durchdrungen und getragen. Der Körper ist wie ein Universum, dessen Inneres sich im Außen spiegelt.

Auch wenn wir manchmal das Gefühl haben, dass wir getrennt sind von der Quelle,

die Quelle trennt sich nie von uns.

Die göttliche Welt ist immer da, alle Welten sind gleichzeitig da. Wir sind multidimensional. Die geistigen Welten sind in uns und wir sind ein Teil von ihnen. Wenn wir dies erkennen, dann öffnet sich unser Bewusstsein, und wir können immer mehr unser allumfassendes Wesen erkennen. Es ist wie ein Eintauchen in sich selbst. Dadurch trittst du in Beziehung mit dir selbst und der Schöpfung. Durch dieses Bewusstsein aktivierst du wieder deine Verbindung mit der Quelle. Das ist der Schlüssel zur geistigen Heilung: Die Quelle ist immer mit uns in Verbindung und *über diese allgegenwärtige Verbindung ist geistige Heilung möglich.*

Bewusstseinserweiterung allgemein und in der Wissenschaft

Wir finden in den schriftlichen Überlieferungen aller Kulturen über Jahrtausende hinweg Berichte, die bezeugen, dass Geistheilungen stattgefunden haben. Heute ist es so, dass der Kontakt zu Engeln und geistigen Wesen und auch zu Verstorbenen für eine zunehmende Anzahl Menschen fast schon etwas Normales geworden ist. Ich höre oft von Menschen, dass sie mit geistigen Wesen Kontakt haben, zum Beispiel wie Engel auf ihre Gebete antworten oder Hilfen und Zeichen geben, die man nicht mehr einfach als Zufall bezeichnen kann.

Es gibt auch Beispiele für nicht so angenehme Erfahrungen mit feinstofflichen Wesen und astralen Einflüssen. In solchen Fällen wenden sich die Menschen, je nach ihrer Glaubensstruktur, an einen Priester, einen Psychiater oder eine mediale Person. Je nach Weltbild wird das Anliegen ganz unterschiedlich angegangen. Aber auch solche unguten Erfahrungen sind Beweise dafür, dass die unsichtbaren Welten Realität sind.

Durch den erhöhten Lichteinfluss nehmen wir viel feiner wahr und es wird für uns alle immer wichtiger, die verschiedenen Energien unterscheiden zu lernen. Wenn wir solche vielleicht beängstigenden Erfahrungen machen, verbinden wir uns am besten sofort wieder mit unserem inneren Licht, unserer Ganzheitlichkeit, mit unserem Herzen. Wenn wir uns in unserer Kraft als Lichtwesen empfinden, brauchen wir keine Angst zu haben vor niedrig schwingenden Geistwesen, sondern haben tiefes Vertrauen in die geistige Führung. Wir begegnen den unterschiedlichen Energien dann ohne Bewertung und spüren, was diese brauchen, schicken sie weg, wenn das nötig ist oder helfen ihnen ins Licht zu gehen. Die Praxisbeispiele auf Seite 64 geben einen Einblick, wie wir verschiedene feinstoffliche Energien unterscheiden können.

Es gehört zur Qualität der heutigen Zeit, dass die Hochsensitivität und Hellsichtigkeit bei den Menschen immer sichtbarer werden, vor allem bei den Kindern. Auch die Wissenschaft wird im technischen Sinn «sensitiver» und «hellsichtiger»!

Wir wissen heute durch die Biophotonenforschung, dass unsere Zellen kohärentes Licht abstrahlen und über dieses Licht Information austauschen, also aussenden und empfangen. Das gilt für die Zellen aller Organismen, auch die der Tiere und Pflanzen, aber nur solange sie leben! Deshalb kann man mit der Biophotonenforschung auch messen, wie viel Lebenskraft unserer Nahrung innewohnt. Frisches Gemüse aus dem eigenen Garten hat eine ganz andere Biophotonenausstrahlung als Gemüse aus großen Gewächshäusern, vor allem wenn diese Produkte auch noch über weite Strecken transportiert wurden. Übrigens: Fleisch hat praktisch keine Ausstrahlung!

Die Tatsache, dass das kohärente Licht ein Indikator für die Präsenz von Lebensenergie ist, zeigt, dass dieses Licht nicht von der stofflichen Materie ausgeht, sondern dass die stoffliche Materie nur die Trägerin des Lichts ist. Die Quelle dieses Lichts ist die geistige Welt.

Die Wissenschaft hat also erkannt, dass eine ganz besondere Art von Licht Ausdruck des Lebens im Körper aller Lebewesen ist und dass dieses Licht Information übertragen kann. Über dieses kohärente Licht können wir mit allen Körperzellen und ebenso mit der geistigen Welt kommunizieren. Dank der Wissenschaft wissen wir nun, dass auch unser stofflicher Körper durchlichtet ist, denn die gesamte Zellinformation unseres Körpers beruht auf Licht!

Wenn die Wissenschaft nicht nur bei der Physik und Technik stehen bliebe, würde sie erkennen, dass sie hier einen Schlüssel zur wahren Natur des Lebens entdeckt hat. Das Leben ist viel mehr als Physik und Chemie, es ist lebendige Information, die durch das Licht in die physischen Körper fließt. Unser Bewusstsein entspringt ebenso dem göttlichen Ur-Licht und wir können deshalb mit unserem Bewusstsein auf die Materie einwirken.

Unser Bewusstsein wirkt auf Materie ein.
Das ist im wahrsten Sinne des Wortes wundervoll,
denn dadurch werden Wunder möglich!

Durch die geistige Informationsübertragung können chaotische Zustände wieder in ihre ursprüngliche Ordnung zurückversetzt werden, und das mit der Geschwindigkeit des Lichts. Das erklärt, warum bei einer Geistheilung die Menschen manchmal auf der Stelle geheilt werden. Blinde sehen, Lahme gehen, Menschen erheben sich aus dem Rollstuhl, als wären sie nie gelähmt gewesen.

Eine einfache Widerspiegelung dieser Kraft des Bewusstseins ist der Placeboeffekt. Wenn Menschen ein wirkungsloses Medikament bekommen, kann sich dennoch eine Wirkung einstellen, weil die Menschen glauben, sie hätten ein wirkungsvolles Medikament bekommen. In Wirklichkeit wirkt aber nicht das Medikament, sondern das Bewusstsein des Menschen, das durch diesen Glauben entsprechende Informationen aussendet.

Wenn wir das hochpotenzieren, dann kommen wir wieder zu den Geistheilungen. Deshalb sagte Jesus zu den Geheilten: «Dein Glaube hat dich geheilt.» Er sagte nicht: «Deine Hoffnung hat dich geheilt.» Wer hofft, glaubt nicht wirklich! Glauben ist die Gewissheit über eine intuitiv wahrgenommene Realität.

Wir sehen also, wie nahe die heutige Wissenschaft an diesen Durchbrüchen ist. Wenn das materielle Wissen durch diese geistigen Dimensionen erweitert und ergänzt wird, geschehen Wunder. Dann sind wir im neuen Zeitalter!

Glauben, nicht nur hoffen

Vermehrt kommen Menschen zu mir in die Praxis, die sich von Süchten lösen möchten. Diese Menschen sagen mir alle, sie hätten schon einiges versucht und sie würden auch positiv denken, doch es habe sich nichts wirklich verändert.

Ich frage sie dann, ob sie denn selbst wirklich glauben, was sie sich an positiven Aussagen, «Affirmationen», einsuggerieren, um aus der Sucht herauszukommen: «Ich bin gesund.» «Ich bin frei.» «Ich bin liebenswürdig, so wie ich bin.» «Gott liebt mich.» «Die Engel lieben mich.» Glauben sie das wirklich? Fühlen sie es tatsächlich und glauben sie wirklich, dass sie es schaffen?

Wenn ich nachfrage und diese Affirmationen hinterfrage, sagt letztlich fast jede Klientin und jeder Klient *Nein*.

Am Anfang meiner Praxiszeit habe ich zusätzlich zu den Beratungen auch energetische Massagen angeboten oder die Hände aufgelegt und gemerkt, dass sich die Menschen in diesem Moment sehr entspannen konnten und dass es ihnen hinterher auch besser ging. Sie haben mir berichtet, dass sie eine gewisse Zeit lang weniger Ängste hatten, oder dass sich die Süchte oder Allergien beruhigten. Doch nach einiger Zeit sind die Symptome wieder aufgetaucht, nicht bei allen, doch bei vielen.

So habe ich es auch bei mir selbst erfahren, wenn ich zu einem Heiler ging. Das hat mich sehr nachdenklich gemacht. Sicher es ist toll, dass überhaupt eine Besserung eintritt und dass dieser Zustand dann ein paar Wochen oder Monate anhalten kann. Das ist natürlich besser als nichts, doch ich wusste, da gibt es noch mehr.

Zudem fiel mir auf, dass Klientinnen und Klienten manchmal ohne innere Vorbereitung in die Sitzung kamen. Wenn sie danach ohne praktische Konsequenzen ins gewohnte Leben zurückgingen, waren sie innerhalb kurzer Zeit wieder im gleichen Zustand wie vorher. Problematisch wurde es, wenn auch die Tendenz bestand, die Verantwortung zu delegieren. Dann konnte es geschehen, dass einzelne Personen mir die Schuld gaben, wenn sich bei ihnen nichts veränderte. Diese Erfahrungen haben mich motiviert, genauer hinzuschauen.

Ich bin durch die Begegnung mit diesen Menschen und auch durch eigene Krisen zu der Überzeugung gekommen, dass es wichtig ist, zuerst einmal negative Gedanken zuzulassen und sie sich selbst einzugestehen, jedoch in dem Wissen, dass wir sie nicht allein tragen müssen. Du darfst deine negativen Gedanken denken, sie dann in ein goldenes Paket legen und der geistigen Welt übergeben. Du musst sie nicht allein tragen. Wir sind eingeladen, alles loszulassen und «nach oben abzugeben». Der geistigen Welt kommt es nicht darauf an, ob du negative oder positive Gedanken übergibst. Wichtig ist, dass du sie übergibst, und dann wirst du frei, das heißt leer und offen für neue Gedanken, die dann wirklich die Kraft der Inspiration in sich tragen und sich auf unsere Psyche und auf den Körper übertragen können.

Die kleinen und großen Einweihungen im Leben

Manchmal gibt es Phasen, wo uns das Leben fast zwingt, loszulassen und frei zu werden für Neues. Das sind die großen Einweihungen und Feuertaufen. Wir verwenden das Wort einweihen, wenn wir zum Beispiel sagen: «Ich weihe dich in ein Geheimnis ein». Ein Geheimnis ist nur für diejenigen ein Geheimnis, die es nicht kennen, und wenn wir eingeweiht werden, ist es für uns kein unbekanntes Wissen mehr. Das Leben weiht uns täglich in neue Erfahrungen ein, das sind die kleinen Einweihungen des Alltags.

In meinem Leben kam es alle paar Jahre auch zu einer größeren Einweihung, manchmal verbunden mit körperlichen Schmerzen. Besonders markant war für mich der Übergang im Jahr 2012, der dazu führte, dass ich nach vielen Jahren der medialen Beratung wieder begann, energetisch mit Menschen zu arbeiten. Ich durchlebte eine Woche lang intensive körperliche und geistige Reinigungsprozesse, die innerlich von lichtvollen Wesen geführt wurden. Ich durfte zuschauen, wie sie mich energetisch unterstützten. Das wurde mir gezeigt, damit ich es lerne, um es dann selbst anwenden zu können. Ich bekam geistige Werkzeuge für eine Arbeit, die ich heute «Energiebalancierung» nenne.

Erstaunlicherweise kamen bereits eine Woche nach meiner Genesung Menschen zu mir, die genau diese Art der Unterstützung brauchten, die ich gerade neu gelernt hatte – obwohl ich nirgendwo gesagt hatte, dass ich nun auch energetisch arbeite. Ich war eine «mediale Beraterin», keine Heilerin, aber von diesem Moment an habe ich gespürt, dass sich auch diese Begabung in mir entfalten wollte.

So sind wir alle in einer Lebensschule und machen lehrreiche Erfahrungen sowohl in schwierigen als auch in schönen und leichten Momenten.

«Energiebalancierung» als Weg in die Balance

In Kapitel 2 war Balance ein großes Thema. Die gesamte Schöpfung beruht auf einer Balance der Energien und der sich gegenseitig ergänzenden Pole. Die Probleme entstehen, wenn der Mensch aus diesem Gleichgewicht herausfällt und dann unter der Zerrissenheit des «Zuviel» und «Zuwenig» leidet. Das können wir kollektiv und global sehen und auch in unserem eigenen Leben.

Als ich 2012 gezeigt bekam, wie die Kräfte der geistigen Welt mich innerlich führten und heilten, war dies von der Technik her etwas völlig Einfaches. Wie die Bezeichnung sagt, geht es darum, die feinstofflichen Energien zu balancieren und wieder an ihren Ort zurückzubringen. Ungleichgewicht und Blockaden bewirken, dass irgendwo zu viel Energie vorhanden ist und deshalb woanders zu wenig. Durch die Balancierung der Energien wird im Körpersystem wieder die Ordnung hergestellt. Das geschieht mittels intuitiver Handbewegungen, durch die bestimmte Energiepunkte gezielt gereinigt und «bestrahlt» werden.

Glauben und Vertrauen

Geistheilung und Energiebalancierungen funktionieren nie auf Knopfdruck und wir können keine Heilung garantieren. Wir können den Energiefluss stärken und balancieren, aber was dadurch konkret erreicht wird, ist von vielen Faktoren abhängig. Der wichtigste Faktor ist der Mensch selbst – und nicht der Heiler oder Berater.

Alle, die mit solchen Methoden arbeiten, können beeindruckende Heilerfolge vorlegen. Aber es ist nie garantiert, dass bei einem anderen Menschen, der die gleichen Symptome aufweist, der gleiche Erfolg eintritt. Die Wirkung der geistigen Energie ist völlig individuell und der Erfolg kann nicht erzwungen werden. Das Erzwingenwollen entspringt dem Zuviel, das Hoffen und Abwarten («Schauen wir mal ...») entspringt dem Zuwenig. Beides sind Formen innerer Einseitigkeiten. Die richtige innere Einstellung ist der auf das Wissen um die göttliche Heilenergie beruhende Glaube und das Vertrauen:

«Glaube und vertraue,
es hilft und heilt die göttliche Kraft».

Vor dem hier dargelegten Hintergrund möchte ich ein paar Beispiele aus meiner Praxis anführen, die zeigen, was durch eine mediale Beratung oder Energiebalancierung bewirkt werden kann.

Beispiel für eine Energiebalancierung

Ein Vater kam mit seiner dreijährigen Tochter zu mir, weil bei diesem Kind die eine Seite des Körpers langsamer wuchs als die andere. Das eine Füßchen war größer als das andere. Auffällig war auch der Unterschied in den Gesichtshälften, was sich besonders deutlich am Mund zeigte. Das Kind konnte nicht richtig gehen und stolperte immer. Ebenso litt es unter Schmerzen.

Das Mädchen war sehr wach und geistig präsent, und es zeigte sofort Vertrauen zu mir. Ich machte eine Energiebalancierung bei der Wirbelsäule, insgesamt fünf Sitzungen zu je 15 Minuten im Abstand von zwei Wochen. Die Energie im Körper fühlte sich unbeweglich und stellenweise blockiert an, weshalb ich den Körper energetisch «durchspülte» und dann jeweils beide Körperhälften ausglich, indem die Energien wie in einem gleichschenkligen Kreuz horizontal und vertikal flossen.

Ich nahm das Energiefeld im Körper des Mädchens in einer sehr unregelmäßigen Struktur wahr, das heißt, die Energie erschien in Form von einzelnen Flecken oder Inseln. Bei einem ausgeglichenen Energiefeld wäre alles gleichmäßig ausgefüllt gewesen. Die Energie musste deshalb im Körper ausgeglichen werden. Ich visualisierte eine goldene Kugel und ließ sie im Körper kreisen, wodurch die Energien ins Fließen kamen und in ihre natürliche Ordnung gingen. Ich bat auch den Vater, dies täglich für fünf Minuten mit dieser bildlichen Vorstellung auszuführen. Schon sehr bald zeigte sich eine Veränderung im inneren und auch im äußeren Energiefeld. Das Mädchen wurde lebensfreudig und begann, viel mehr zu strahlen. Auch der Körper reagierte, und innerhalb eines halben Jahres hatte sich alles ausbalanciert und physisch angeglichen. Das Kind hatte keine Probleme und keine Schmerzen mehr, konnte gehen, rennen, war gesund und körperlich ganz im Gleichgewicht.

Hier war besonders deutlich sichtbar, wie die geistige Energie auf die Materie einwirkt und wie leicht alles «in Ordnung» kommen kann, wenn der natürliche Fluss der Energien unterstützt wird und wenn die beteiligten Personen sich bemühen, mitzumachen. Dann können die Selbstheilungskräfte des Körpers aktiv werden, und wir dürfen der höheren Ordnung der Schöpfung vertrauen, die sich bis in die Zellinformation des Körpers zum Ausdruck bringen kann. Bei diesem Erlebnis war ich besonders dankbar dafür, dass ich solche geistigen Werkzeuge bekommen habe, die es mir erlauben, die Menschen hilfreich zu begleiten, vor allem auch ein Kind, das selbst diese geistige «Arbeit» noch nicht ausführen konnte.

Beispiele für mediale Lebensberatung

Brigitte A., Zürich: *«Vor rund zehn Jahren, nachdem ich mich von meinem Mann getrennt hatte, bin ich, damals 45-jährig, über die Empfehlung einer Kollegin zu Nadine Reuter gekommen. Als alleinerziehende Mutter eines kleinen Sohnes musste ich mein Leben damals völlig neu sortieren. Die Neuorientierung fiel mir nicht leicht, vor allem weil diese Phase durch große existenzielle Schwierigkeiten und Ängste geprägt war und ich auch beruflich als Geschäftsfrau einen neuen Weg finden musste. Durch die Sitzungen und die Energiearbeit bei Nadine habe ich wieder zu mir selbst gefunden, mit alten Dingen abgeschlossen, Klarheit in mein Leben gebracht und gelernt, für mich einzustehen. Dank Nadines Fähigkeit, Empathie mit Klarheit, Ruhe und Intuition zu verbinden, bin ich davor bewahrt worden, so manche berufliche und private Fehlentscheidung zu treffen, und habe stattdessen mit der Zeit gelernt, mit Vertrauen, Verstand und meiner eigenen Intuition die*

Dinge anders anzuschauen und den jeweils richtigen Weg einzuschlagen. Auch wenn ich bis heute immer wieder mal Nadines Rat und manchmal auch Trost suche, bin ich inzwischen ein ganz anderer Mensch als vor zehn Jahren. Auch heute läuft nicht alles einfach in meinem Leben. Aber ich habe gelernt, mit diesen Herausforderungen umzugehen. Ich empfinde heute eine große Gelassenheit und Freude, mein Sohn ist zu einem positiven jungen Mann herangewachsen, beruflich bin ich gesattelt und lebe in einer glücklichen Beziehung.»

Patrizia E., Basel: «Ich, damals vierzig, war am Loslassen einer Beziehung. Das war für mich besonders schwierig, weil ich mir sagte, dass ich altershalber auch den Kinderwunsch loslassen musste. Für eine neue Beziehung mit Familiengründung würde die Zeit nicht mehr reichen. Ich ging emotionell durch die Hölle. In dieser Zeit las ich über Nadine Reuter, fühlte mich sehr angesprochen und rief sie kurz entschlossen an. Das war der Beginn eines langjährigen Kontaktes.

Am Anfang half mir die Beratung und Begleitung durch Nadine, meine Situation zu bewältigen. Tief im Herzen war mein Wunsch immer noch da, aber ich lernte, damit umzugehen. Ich sagte mir, dass ich einfach das Bestmögliche aus meinem Leben machen will, vor allem auch, weil in dieser Zeit eine neue und sehr schöne Partnerschaft begann. So kam ich nach einigen Jahren an den Punkt, wo ich auch beruflich etwas verändern wollte, hatte jedoch keine konkreten Ideen, die mich wirklich angesprochen hätten. So wandte ich mich an Nadine und bat um einen Input. Mir schwebte eine Weiterbildung vor. Aber welche?

Ich war völlig verblüfft, als mir Nadine zu verstehen gab, dass keine Weiterbildung anstand, sondern dass es darum gehe, meinen Kinderwunsch neu aufleben zu lassen. Ich war sprachlos. Das hätte ich nie und nimmer erwartet. Aber das stand nun einfach an und konnte nicht mehr länger aufgeschoben werden. Im Kopf hatte ich mit meinem Kinderwunsch abgeschlossen, jedoch nicht im Herzen. Und Nadine ›las‹ in meinem Herzen.

Von da an begann eine lange Reise, denn der Kinderwunsch war mit Aufgaben verbunden, die ich zusammen mit meinem Partner anschauen musste. Wollte ich das wirklich noch alles auf mich nehmen? Der Berg sah unendlich groß aus. Ich zweifelte, ob es wirklich realistisch war, und fragte mich, ob ich das mit meinem Alter überhaupt noch durfte? Denn das würde bedeuten, dass ich mit sechsundvierzig oder siebenundvierzig Mutter werden würde! Nadine unterstützte mich immer wieder, indem sie mich ›las‹ und so herausfilterte, was sich hinter den ›Kulissen‹ von Verstand und Dogmen verbarg, nämlich die Kraft, an mich selbst zu glauben. Sie sprach nicht nur – nein, sie sah die Seele, die zu uns kommen wollte. Sie hätte es genauso liebevoll und respektvoll gesagt, wenn sie gesehen hätte, dass keine Seele an unsere Tür klopfte.

Heute bin ich Mutter eines gesunden, dreijährigen Kindes. Mein Kinderwunsch ist in Erfüllung gegangen. Ich bin so glücklich und dankbar, und wir sind als Familie vereint und stark. Dank der hellsichtigen und einfühlsamen Beratung durch Nadine bin ich dem Weg meines Herzens gefolgt und lebe jetzt meinen Traum.»

Marco T. (66), Venedig: «Positiv sein und Chancen ergreifen, dann kommt das Glück ganz von allein. Von dieser Annahme bin ich überzeugt, hat sie mich doch mein ganzes Leben über begleitet. Ich machte bereits in jungen Jahren Karriere in dem Konzern, bei dem ich arbeitete, und wurde mit siebenunddreißig Jahren selbstständig. Meine Mitarbeiter habe ich immer wie Familienmitglieder behandelt. Vertrauen, Ehrlichkeit und Respekt waren mir wichtig. Ich wollte immer verantwortungsvoll handeln, und so war es mir wichtig, in Fragen mit größerer Tragweite verschiedene Meinungen und Sichtweisen zu hören. Durch eine gute Fügung hörte ich vor bald zwanzig Jahren von Nadine Reuter. Ich machte die lange Reise nach Zürich. Ich spürte schon bei der ersten Begegnung, dass ich dieser jungen Frau mein Vertrauen schenken konnte. Das hat sich immer wieder bestätigt. Über die Jahre hinweg habe ich mir mehrfach in geschäftlichen Fragen ihren Rat geholt und war interessiert zu hören, was sie in kritischen Situationen aus ihrer Sicht dazu sagte. Ihre Ratschläge haben mir immer geholfen, gute Entscheidungen zu treffen. Als ich meine Firma verkaufen wollte, blieben am Schluss zwei Kandidaten. Frau Reuter spürte, dass der eine die Firma nicht kaufen wird. Und tatsächlich war es dann der andere, der ein paar Monate später den Vertrag unterschrieb.

Im Hinblick auf meinen Ruhestand fragte ich mich, wo ich mit meiner Familie leben möchte, wenn ich älter werde. Frau Reuter sagte mir, sie sehe ein Haus an einem See, in dem es Inseln habe. Gerade an diesem Abend schaute ich dann wieder im Computer auf einer Immobilienseite nach. Normalerweise erscheinen zahlreiche Angebote, aber an diesem Abend war da nur ein einziges neues Angebot. Das Foto zeigte ein Haus an einem See mit Inseln! Ich meldete mich, drei Tage später konnte ich es bereits besichtigen. Ich lernte den Eigentümer kennen, wir verstanden uns sehr gut, und ich entschied mich sofort, diese Liegenschaft zu kaufen, ohne dass Verhandlungen nötig waren.

Das Besondere an diesen Begegnungen war für mich immer, wie natürlich der Kontakt mit der geistigen Welt ist. Diese Erfahrungen und Erlebnisse haben mir gezeigt, dass die geistige Welt real ist. Wer sucht, der findet. Wer fragt, der bekommt Antworten. Wir dürfen der geistigen Welt Fragen stellen und sie um Hilfe bitten. Die Antworten, die ich über all diese Jahre hinweg bekommen habe, haben meinen Glauben an das Gute bestätigt und bestärkt.»

Beispiele für die Unterscheidung von feinstofflichen Energien

Beispiel 1: Ein Klient erzählte mir, dass seine Schwester bei der ganzen Familie, wie auch im Haus immer wieder negative Energien wahrgenommen habe, sie sonst aber ein gutes Verhältnis zu ihrer Verwandtschaft habe. In dieser Zeit hatte die Familie wichtige Entscheidungen zu treffen bezüglich eines Hausverkaufs. Der Ertrag des Hauses würde dann unter allen Geschwistern aufgeteilt.

Ich fühlte intuitiv, dass der Hausverkauf bei dieser Frau große Ängste auslöste und ihr Energiesystem dadurch gestört wurde. Mein Klient erklärte mir, dass seine Schwester seit dem anstehenden Hausverkauf immer mehr das Gefühl habe, dass die Familie ihr etwas Böses wolle. Sie hatte dann auf Anraten von einem Bekannten einen Heiler aufgesucht, der sich mit Dämonen auskennt. Dieser sagte ihr, dass alle Familienmitglieder von negativen Energien besetzt seien und dass sie diesen Menschen nicht mehr vertrauen könne. Diese Aussagen haben die negativen Wahrnehmungen und das Gefühl, angegriffen zu werden, bei der Schwester weiter verstärkt. Mir war sofort bewusst, dass diese Wahrnehmungen der Frau nicht aus einem ganzheitlichen Bewusstsein entstanden waren, sondern aus unterdrückten Ängsten heraus, so dass ihre Wahrnehmungen getrübt waren. Der Heiler hatte nicht in Erwägung gezogen, dass diese Frau vielleicht eine Psychose hatte und ärztliche Hilfe benötigen würde. Ich riet der Familie, einen Arzt aufzusuchen und um Unterstützung zu bitten. Der Arzt konnte sofort feststellen, dass diese Frau psychiatrische Hilfe brauchen würde, die sie dann auch erhielt. So konnte die Schwester meiner Klientin auf dieser Ebene geheilt werden und sie war sehr dankbar, dass sie die Situation neu einschätzen und verstehen konnte.

Beispiel 2: In einem anderen Beispiel möchte ich von einem Mädchen erzählen, das im Garten des Wohnhauses immer wieder eine verstorbene Frau sah. Die Eltern des Kindes ließen deswegen das Kind psychologisch behandeln, wodurch aber die Wahrnehmungen immer intensiver und die Ängste des Kindes fast nicht mehr erträglich wurden. Das Mädchen verlor immer mehr das Vertrauen in sich und die Umwelt, bis es sehr krank wurde. Niemand glaubte ihm. In der Not haben die Eltern dann mit mir Kontakt aufgenommen auf Empfehlung einer Bekannten. Ich konnte hellsichtig wahrnehmen, was dieses Mädchen sah und erkannte dadurch, dass es seinen Wahrnehmungen vertrauen konnte. Auch war das Mädchen bisher immer fröhlich gewesen und hatte keinerlei Anzeichen gezeigt, dass es eine psychische Störung hätte. Als es endlich die Erfahrung machen durfte, dass es gehört wurde und ihm geglaubt wurde, konnte es diese verstorbene Frau liebevoll verabschieden und konnte Schritt für Schritt wieder ins Leben zurückfinden.

Mit diesen Beispielen möchte ich aufzeigen, wie wichtig es ist, unvoreingenommen und neutral an Situationen heran zu gehen und sich von der inneren Herzensführung ganz im Augenblick leiten zu lassen.

Herzreisen: Selbsterfahrung in Seminaren

Wir können über die Erfahrung anderer Menschen lesen, und das kann sehr eindrücklich sein, zum Beispiel Berichte über Nahtoderfahrungen. Aber nichts kann die eigene Erfahrung ersetzen. Wir brauchen jedoch keine Schicksalsschläge wie eine Nahtoderfahrung, um eine andere Perspektive zu bekommen und die geistige Dimension persönlich zu erleben. Denn die geistige Welt ist immer gegenwärtig, und wir können uns jederzeit mit ihr verbinden, nicht nur in Extremsituationen und in «Himalajaklöstern», sondern auch im Alltag und in besonderen Momenten unseres Lebens, wenn wir uns Zeit dafür nehmen.

Eine solche Möglichkeit sind Seminare, bei denen wir mit Gleichgesinnten zusammenkommen und gemeinsam den Raum für solche Erfahrungen öffnen. Es geht um die Selbsterfahrung, mit den erlernten geistigen Werkzeugen, individuell und in Eigenverantwortung umzugehen. Es gibt keine Dogmen oder fixen Methoden. Jeder Zugang und jedes Erlebnis ist immer wieder neu und einzigartig.

Als Beispiel aus meinen Seminaren möchte ich die Herzreisen anführen. Hier lassen sich die Menschen von einer intuitiven Bilderwelt führen, die nicht von Verstandesvorstellungen geschaffen wird. Diese Bilder steigen aus der Tiefe der Seele auf, der mentale Verstand wird «außen vor» gelassen. Er kann in solchen Momenten manchmal eher ein Störfaktor sein, weil er von außen reinfunkt und Zweifel anmeldet, indem er sagt, das alles sei doch nicht real, sondern nur Fantasie. Dadurch bestätigt der Verstand aber nur, dass die Bilder nicht von ihm produziert wurden!

Oft machen Menschen durch Herzreisen zum ersten Mal die konkrete Erfahrung, dass es eine Kraft gibt, die viel mehr ist als nur die Gedankenwelt. Informativ wussten sie das natürlich auch vorher schon, aber jetzt erleben sie es. Diese inneren Einweihungen können tiefgreifende Prozesse von persönlicher Erkenntnis, Heilung und Transformation auslösen.

Herzreisen sind nicht dasselbe wie Fantasiereisen. Bei Fantasiereisen begeben wir uns auf die Verstandes- und Gedankenebene und formen die Bilder von dort her. Bei einer Herzreise begeben wir uns in unsere eigene Innenwelt, zu unserer Herzintelligenz, die mit der geistigen Welt verbunden ist. Wenn wir persönliche Fragen oder Themen haben, dann kommen wir über diesen Schlüssel in das Informationsfeld unserer Seele und der geistigen Welt, und diese lässt entsprechende Bilder entstehen. Wir sind mit der geistigen Welt verbunden, und über dieses Energie- und Informationsfeld sind wir auch mit anderen Menschen verbunden, mit lebenden wie auch mit verstorbenen.

Gerade Herzreisen, auf denen jemand einem verstorbenen Menschen begegnet, sind besonders eindrücklich. Ich erinnere mich zum Beispiel an eine Frau, deren Tochter mit etwa zwanzig Jahren gestorben war. Sie war zu mehreren Sitzungen gekommen und entschied sich dann, auch an einem Seminar teilzunehmen. Der Tod ihrer Tochter machte ihr sehr zu schaffen. Sie fragte mich immer, wie sie mit ihrer Tochter Verbindung aufnehmen könne. Sie ging zu Medien für Jenseitskontakte und bekam Botschaften, die tröstend waren. Aber sie kam dennoch nicht über den Tod ihrer Tochter hinweg. Im Seminar konnte sie nun über ihre Bilder in die eigenen inneren Räume reisen und begegnete dort ihrer Tochter. Sie saßen in einem Park und sprachen miteinander. Hätte sie sich ein solches Gespräch mit dem Verstand vorgestellt, wäre wahrscheinlich ein mentaler Dialog ohne Ende entstanden. Aber hier konnte sie eine persönliche und direkte Erfahrung machen, die nicht über ein Medium lief, und sie spürte ganz klar, wie real diese Begegnung war. Sie schuf die Bilder nicht, *die Bilder schufen sich selbst*. Es war wie ein Film, der von selbst ablief – und sie war mittendrin. Nach dem Gespräch mit ihrer Tochter im heiligen Raum des Herzens konnte die Mutter den Schritt in ein neues Leben machen. Es war ein echter Neuanfang. Die Trauer verwandelte sich in eine neue Kraft, und aus dieser Kraft kam Freude, weil sie konkret erfahren hatte, dass der Tod nicht das Ende des Lebens ist.

Ein anderes Beispiel war ein Mann, der sich immer von seinem Vater abgelehnt gefühlt hatte. Der Vater war in der Zwischenzeit verstorben, aber der erwachsene und verheiratete Sohn hatte gegenüber seinem Vater noch viele Fragen offen. Auf der Herzreise erkannte er, wie sehr sein Vater ihn geliebt hatte, obwohl er nicht in der Lage gewesen war, dies zum Ausdruck zu bringen. Der Sohn lernte neue Aspekte seines Vaters kennen, er entwickelte Verständnis für seinen Vater und konnte den tiefen Schmerz der Ablehnung loslassen. Wie er mir später erzählte, half ihm dies entscheidend in seiner eigenen Vaterrolle und in der Beziehung zu seinen Kindern.

Persönliche Bemerkung: die Wichtigkeit der Vorbereitung

Vor einer Sitzung stimme ich mich immer zuerst ein. Ich stehe jeden Tag früh auf und mache meine persönliche Meditation. Aber die Einstimmung auf andere Menschen ist noch mal etwas anderes. Ich zünde eine Kerze an, spreche ein Gebet, gehe in die Stille und öffne mich der geistigen Welt. Das gibt mir Kraft, Mut und die Gewissheit, mit bestem Wissen und Gewissen die Menschen zu beraten. Die innere Vorbereitung auf eine Sitzung ist sehr wichtig, aber nicht nur für mich, sondern auch für die Menschen, die eine solche Beratung suchen. In unserer Kultur entwickelt sich diese Art der geistigen Arbeit erst, wir kennen sie jedoch aus allen indigenen Kulturen, und dort wird vor allem die innere Vorbereitung des Suchenden betont. Dazu gehört beispielsweise das Fasten oder der Rückzug in die Natur.

In unserer Zivilisation besteht die Gefahr der Konsumhaltung: «Ich bezahle und erwarte dafür eine Leistung.» Dieses Prinzip gilt in der normalen Geschäftswelt, aber nicht im Bereich der geistigen Arbeit. Obwohl wegen der heutigen gesellschaftlichen Situation auch hier Geld ein Faktor ist, kann durch eine Bezahlung die Verantwortung nicht abgetreten werden. Auch hier ist die innere Vorbereitung sehr wichtig, obwohl es nicht erforderlich ist, zuerst allein in den Wald oder auf einen Berg zu gehen. Schön jedoch ist es, wenn auch wir eine Form der Einkehr pflegen. Ich empfehle einen persönlichen Gebetsraum, wobei dies einfach eine Ecke in einem Zimmer sein kann. Durch diesen Bezugspunkt in der eigenen Wohnung können wir leichter den entsprechenden geistigen Raum aufbauen.

In der Vorbereitung auf eine mediale Beratung oder Energiebalancierung ist es wichtig, sich die Zeit zu nehmen, um das eigene Anliegen zu ergründen und klare Fragen zu finden. Auch dafür sind die Einkehr und Meditation sehr hilfreich. Dann können sich Herzräume öffnen und neue Perspektiven werden sichtbar – mit entsprechenden Ergebnissen und Erkenntnissen.

Abschließende Bemerkung zu diesem Kapitel

Die Neue Welt ist eine Welt der Zusammenarbeit, der Co-Kreation. Wir Menschen werden immer mehr gemeinsam in harmonischen Teams Neues erarbeiten.

Je mehr wir uns als Lichtwesen in einem
physischen Körper erfahren,
umso wichtiger wird uns auch die Zusammenarbeit
mit geistigen Lichtwesen, mit Naturwesen,
mit Tieren und Pflanzen und der Mutter Erde.

Alle sind unsere Brüder und Schwestern, Schöpfungen Gottes und wir sind mit ihnen All-Eins! Der Teil 2 dieses Buches befasst sich vertieft mit dem Thema „Co-Kreation mit der geistigen Welt" und gibt neben vielen Hintergrundinformationen vor allem praktische Übungen und Meditationen. Ein Schlüssel für alle Zusammenarbeit ist die Intuition. Im Schlüssel 2 „Intuition ist der Schlüssel zu deinem Herzen" auf Seite 113 gehe ich ausführlich darauf ein.

5
Die Versöhnung der inneren weiblichen und männlichen Energie

Heilung bedeutet, dass etwas in die Ganzheit und ins Gleichgewicht zurückgeführt wird. Wenn etwas Heilung braucht, ist es aus der Ganzheit und damit aus dem Schöpfungsgleichgewicht gefallen.

Ursprünglich lebten die Menschen in Einheit mit dem Göttlichen und fühlten sich darin vollkommen aufgehoben (Paradies). Mit dem Erwachen des heutigen Verstandesdenkens, des Erkennens eines Gegenübers (Baum der Erkenntnis) empfand der Mensch sich plötzlich als abgetrennt von Gott. Er war nicht mehr im Göttlichen geborgen, sondern Gott war etwas außerhalb von ihm. Gleichzeitig erkannte er, dass es weibliche und männliche Menschen gab, die sich unterschieden. Die weiblichen und männlichen Energien traten äußerlich in Konkurrenz und innerlich fehlte der jeweilige Gegenpol mehr oder weniger. Diesen suchte man von nun an im Außen. Die Menschen begannen, ihren inneren Mangel, ihre Sehnsucht nach Einheit durch Äußeres zu kompensieren, und das führte zu einem Streben nach Macht und Herrschaft über andere oder dann zur Unterwerfung und Anpassung, auch im Zusammenleben von Mann und Frau.

Damit wir hier wieder Heilung finden, muss die weibliche und männliche Energie im einzelnen Menschen versöhnt werden und wieder in ein gesundes Gleichgewicht kommen. Dazu braucht man nicht unbedingt als Mann und Frau zusammenzuleben. Wer diese innere Harmonie gefunden hat, kann auch allein leben. Das typische Beispiel sind jene Mönche und Nonnen, die in sich den wahren Frieden gefunden haben. Solche Menschen finden wir in allen Religionen. Diese Männer und Frauen empfinden ihre Einheit mit dem Göttlichen. Sie können auch in der Gesellschaft aktiv sein und Familien besuchen, und wo immer sie hinkommen, empfinden die Menschen eine tiefe Inspiration und eine Erinnerung an die eigene Ganzheit.

Natürlich müssen wir nicht als Mönche und Nonnen leben, aber der Gedanke ist eine echte Herausforderung: Könntest du in einer Klosterzelle leben und in dir selbst die Ganzheit finden? Oder wartest du auf jemanden, der dich glücklich macht? Träumst du von einer Seelenpartnerin oder einem Seelenpartner, damit du die Ganzheit findest? Das Paradoxe ist, dass wir erst dann eine erfüllende Partnerschaft leben können, wenn wir selbst in uns diese Ganzheit gefunden haben und keine Partnerschaft «brauchen». Erst dann bedeutet «ich liebe dich» genau das. Sonst bedeutet es auch «ich brauche dich» und «ich will etwas von dir». Es gibt wohl keine irdische Beziehung, die völlig frei von diesem Aspekt ist, aber innerlich spüren wir, dass das der Idealzustand wäre. Ich glaube dazu auch, dass dies der Urzustand war! Bis zu einem bestimmten Grad können wir diese innere Ganzheit auch in unserem jetzigen Leben finden.

Wenn wir die männlichen und weiblichen Anteile ausgeglichen leben, dann können wir beide Seiten je nach Situation intuitiv richtig einsetzen. Wir sind dann einmal machtvoll, durchsetzungsfähig, zielorientiert (männlich) oder dann liebevoll, einfühlsam und konsensorientiert (weiblich). Je mehr wir als Kollektiv in dieses Bewusstsein kommen, desto mehr manifestieren wir das neue Zeitalter.

Die Symptome zeigen die Tiefe des Problems

Vieles auf dieser Welt geschieht aus einem abgespaltenen Bewusstsein heraus. Aus einem ganzheitlichen, herzbasierten Bewusstsein heraus würden wir Mutter Erde Sorge tragen, und die neuen Technologien hilfreich für die Erde einsetzen, statt die Natur zunehmend auszubeuten.

Es gibt Menschen, die aus diesem abgespaltenen Bewusstsein heraus leben und denen es ziemlich egal ist, was sie mit ihren Handlungen anrichten, weil sie es nicht anders wahrnehmen wollen und sich mit dem Profit identifizieren. Der Kampf findet im Inneren wie im Äußeren statt.

Wie bereits erwähnt, unterscheiden wir zwischen Täter und Tat. Die Menschen, die für all diese Zerstörung und Gewalt verantwortlich sind, brauchen unsere besonderen Gebete, damit sie sich wieder dem Licht öffnen, denn was sie tun, ist in vieler Hinsicht schöpfungswidrig. So wie wir zu allem Lebensfördernden und Heilenden ein klares Ja sagen, müssen wir zu diesen Dingen ein klares Nein sagen. Diese Entscheidungen reichen bis in unsere kleinsten Alltagshandlungen z.B. im Umgang mit unseren Mitmenschen, unserer Ernährung, unserer Arbeit, und natürlich genauso in den großen lebensverändernden Entscheidungen. Als Jesus in der Wüste mit der großen Versuchung konfrontiert wurde, nämlich mit dem Angebot der Weltherrschaft, antwortete er kompromisslos: «Weiche von mir, Satan!»

Wenn wir gelernt haben, Polarität und Dualität zu unterscheiden, spüren wir tief in unserem Herzen ganz klar den Unterschied zwischen lebensfördernden und lebensfeindlichen Handlungen, Gedanken und Konzepten.

Dass wir Menschen das Gleichgewicht der weiblichen und männlichen Energie verloren haben, zeigt sich darin, wie wir mit der Erde umgehen, denn Mutter Erde repräsentiert den weiblichen Aspekt. Wenn wir den Respekt vor der inneren Frau und Göttin verlieren, spiegelt sich das auch in der äußeren Welt. Um die Heilung in uns und in der Welt zu unterstützen, braucht es eine gewisse Konsequenz, ohne extrem zu sein. Denn alles Extreme ist einseitig.

*Wenn wir die weibliche und die männliche Energie
in uns balancieren und in Harmonie bringen,
dann wirkt sich diese Selbstheilung
auch aufs Ganze aus!*

Es ist wichtig, dass du immer standhaft bleibst, dich bewusst für das Licht entscheidest und deine Liebe in die Welt strahlen lässt, ohne alles gutzuheißen, was die anderen machen. Gerade das wäre *nicht* Liebe!

Präsenz in der inneren weiblichen und männlichen Kraft

Das innere Ungleichgewicht der Menschen äußert sich in einseitigen Strukturen und Glaubenssystemen. Männer unterdrückten Frauen und beuteten sie aus. In der modernen Welt haben die Frauen in gewisser Hinsicht die männliche Seite überbetont, um mit den Männern beruflich und auf der Karriereleiter mithalten zu können. Frau sein bedeutet aber nicht, einseitig aus der weiblichen Seite heraus zu handeln, ebenso wie Mann sein nicht bedeutet, nur die männliche Seite zu betonen. Wir sind im Gleichgewicht, wenn wir beide Energien in uns verbinden und ausgleichen. Bei Männern zeigt sich das anders als bei Frauen, aber die die weibliche und die männliche Energie sind dann Aspekte der Vielheit innerhalb der göttlichen Einheit, die sich gegenseitig ergänzen und unterstützen.

Eine Frau braucht nicht männlich zu kämpfen. Sie kann in ihrer eigenen Kraft mit einem Lichtstab dastehen und sich in dieser

Präsenz verankern, um Himmel und Erde zu verbinden. In Teil 2 (Schlüssel 3) werde ich eine Übung zu diesem Lichtstab als Symbol der inneren Zentrierung beschreiben.

Es geht immer um das schöpferisch-harmonische Zusammenwirken der Energien. Die geistige Welt ist ein Einklang von Energien. Wir Menschen kommen aus dieser Ganzheit und sind Teil dieser Ganzheit. Als Menschen möchten wir das Göttliche hier auf Erden widerspiegeln. Das ist der ursprüngliche Plan und unser tiefster Herzenswunsch. Diese Erkenntnis führt zu einem Umdenken und zu einer Änderung des Handelns.

Neues Bewusstsein - die Geburt des inneren Lichtkindes

Wenn die innere weibliche und männliche Energie ins Gleichgewicht kommen, wird aus dieser Verbindung heraus das innere Lichtkind geboren. Aus dem emotional bedürftigen Inneren Kind (das wir von der Psychologie her kennen) wird das Lichtkind im Herzen. Es ist genauso spielerisch und kreativ, aber auch voller Lebensfreude, Entdeckerkraft, leuchtender Liebe für alles, was es umgibt. Es fühlt sich Eins mit Gott und der Welt, ist sich seiner Kraft bewusst und kreiert unablässig das Gute, Schöne und Wahre.

Dieses innere Lichtkind ist
das neue Bewusstsein, aus dem heraus wir unsere
einseitigen Handlungsweisen durchschauen,
überwinden und immer kreativ neu ausrichten.

In diesem Bewusstsein wirken der männliche und der weibliche Pol zusammen, im Inneren wie im Äußeren. Wir strahlen aus uns selbst heraus und sind über das göttliche Licht in unserem Herzen mit allem in Verbindung. Durch dieses Herzenslicht können wir auch klar erkennen, in welcher Form und auf welche Art wir mit verschiedenen Personen und Situationen in Verbindung sind und was diese mit uns zu tun haben.

Wenn das innere Lichtkind in uns geboren ist, sind wir in uns vollständig als «familiäre» Einheit oder Dreieinigkeit, weshalb wir nicht mehr aus einem Mangel heraus handeln. Wir haben eine andere Ausstrahlung und kommen mit Menschen der entsprechenden Frequenz in Kontakt. Manchmal müssen wir dann etwas loslassen, um dort in Beziehung gehen zu können, wo es kompatibel ist. Das können persönliche Beziehungen sein oder Gewohnheiten, z. B. Essensgewohnheiten oder alte Denk- und Glaubensstrukturen. Dann können wir die höhere Schwingungsebene des Lichtkindes in uns in allen Beziehungen voll leben.

Die Kinder der Neuen Zeit

Kinder sind oftmals Rebellen und auch das innere Lichtkind ist ein Rebell, weil es will, dass wir mit uns selbst, mit dem eigenen Körper, mit anderen Menschen, mit der Natur und mit Gott in Liebe verbunden sind, denn das innere Lichtkind ist selbst ein Kind der Liebe.

Seit einiger Zeit kommen vermehrt Kinder zur Welt, die das innere Lichtkind bereits in sich tragen und deshalb ebenfalls rebellisch sind. Sie passen mit ihrem neuen Bewusstsein nicht in die bestehenden Strukturen der Einseitigkeiten und werden diese Strukturen von innen her aufbrechen. Das zeigt sich in unserem Schulsystem und in Zukunft, wenn diese Kinder erwachsen werden, auch in allen anderen gesellschaftlichen Strukturen. In der neuen Zeit werden nun überall auf der Welt Kinder geboren, die mithelfen, trennende Denkmuster zu transformieren. Die Kinder sind die neuen Lehrer und sanfte, aber hartnäckige Revolutionäre. Sie «infiltrieren» die Gesellschaft und werden immer mehr und einflussreicher.

Was ich in diesem Buch beschreibe, ist für diese Kinder normal. Sie sehen sich selbst nicht getrennt von der Natur und können mit den geistigen Welten kommunizieren. Mit ihrem Bewusstsein bringen sie das Wissen in unsere Welt, dass der Kosmos multidimensional ist und dass wir in unserer Essenz ewig sind. Das bedeutet, dass wir nicht erst mit der Geburt zu existieren beginnen und dass der Tod nicht das Ende unserer Existenz ist. Viele Kinder tragen noch Bilder aus früheren Leben in sich und bringen sie auf ihre ganz eigene Weise zum Ausdruck. Einige Kinder können sich sogar ganz klar an das letzte Leben erinnern und erzählen genaue Details, zum Beispiel wie sie geheißen haben, wo sie lebten und was sich ereignet hat.

Die alten Strukturen wehren sich gegen diese Kinder, indem sie mit verschiedensten Mitteln versuchen, sie zur Anpassung zu zwingen. Aber ich habe das Vertrauen, dass diese Kinder stark genug sind und immer mehr in ihre Kraft kommen, denn diese Kraft haben sie bereits in sich. Meine große Motivation, dieses Buch zu schreiben und von mir selbst zu erzählen, ist es, gerade diesen Kindern zu helfen, damit die Erwachsenen ihnen mit mehr Verständnis begegnen können, indem sie verstehen, was in diesen Kindern vorgeht und wie sie die Welt sehen.

Wie versöhnen wir die weibliche und männliche Energie in uns?

Durch das überall herrschende Ungleichgewicht ist in uns eine Sehnsucht nach Harmonie entstanden. Das innere Lichtkind erinnert uns daran, dass diese Harmonie eigentlich normal ist, und zeigt uns den Weg zum Herzen.

Wenn hier von weiblicher und männlicher Energie die Rede ist, geht es zuallererst um die Energien in uns selbst, nicht um Mann und Frau. Wir alle tragen beide Pole in uns, und das Ziel ist, dass beide Pole ins Gleichgewicht und in die Harmonie kommen. Dieses Gleichgewicht ist dynamisch. Manchmal kann es sich auf die eine Seite, manchmal auf die andere Seite hin verschieben. Das kann Spannungen und scheinbare Unstimmigkeiten auslösen, aber diese «Stürme» finden ihre Auflösung immer wieder darin, dass sich das Gleichgewicht neu einpendelt. Wenn ich von Harmonie spreche, meine ich also nicht eine billige oder kitschige Vorstellung von Harmonie, in der es keine Spannung und keine Entwicklung gibt.

Der weibliche und der männliche Pol in uns zeigen sich auf allen Ebenen. Wir haben zwei Körperhälften und zwei Hände. Betrachte beide Hände und spüre hinein, wie sehr sie im Gleichgewicht sind und wie sehr sie sich ergänzen.

Die beiden Pole werden auch durch die beiden Gehirnhälften repräsentiert. Die linke wird als die männliche bezeichnet, die rechte als die weibliche. Die beiden Pole sind auch Kopf und Herz. Beide sind gleichwertig, haben aber eine andere Funktion und ergänzen sich gegenseitig. Das innere Lichtkind will, dass beide «Eltern» in Liebe verbunden sind, ja es verschwindet, wenn diese Liebe nicht da ist, denn es ist das Kind dieser Liebe.

Wenn das Herz und der Verstand etwas Unterschiedliches sagen, muss dies kein Entweder-oder sein. Der Verstand argumentiert anders als das Herz. Wenn wir im Ungleichgewicht sind und die Welt aus der Dualität betrachten, dann sind Kopf und Herz im Widerstreit. Wenn ein einseitig denkender Mensch andere Menschen angreift, kann er das nur tun, weil er von seinem Herzen getrennt ist. Sein Verstand ist fremdprogrammiert, weshalb er nicht mehr fähig ist, auf sein Herz zu hören. Er würde das Herz als Schwäche empfinden und würde sich schämen oder sogar fürchten, seine Zweifel im Herzen auszusprechen. Alle unguten Machtstrukturen existieren aus diesen Einseitigkeiten und inneren Spaltungen heraus.

Wenn wir Herz und Verstand verbinden, können wir vom Verstand her nicht mehr gegen das Herz handeln, und der Verstand schützt das Herz, denn wir können unser Herz nicht überall gleichermaßen öffnen. Die Welt nur intuitiv wahrzunehmen, ohne sie verstandesmäßig zu verstehen, ist einseitig. Das Herz ohne den Verstand ist schutzlos, und der Verstand ohne das Herz ist herzlos!

Der Umgang mit der sexuellen Energie

Wir können sagen, dass alle Kriege und Konflikte in der Welt dadurch entstehen, dass die Menschen die weibliche und die männliche Energie in sich nicht im Gleichgewicht haben. Das zeigt sich auch darin, wie die Frau-Mann-Beziehung gestaltet ist und wie mit der sexuellen Energie umgegangen wird. Bekannt ist, wie im Namen von Religion die sexuelle Energie verteufelt wurde und Frauen als Bedrohung der Männer gesehen werden. Aber das andere Extrem mit der Kommerzialisierung der Sexualität ist genauso problematisch. Denn die Sexualität ist etwas Heiliges, sie ist ein Schlüssel zu unserer Schöpferkraft. So wie die Verbindung der weiblichen und männlichen Energie das innere Lichtkind entstehen lässt, so kann die Verbindung der sexuellen Energie Lichtkinder im konkreten Sinne des Wortes in unsere Welt rufen. Damit ist nicht einfach «Sex» gemeint, sondern das harmonische Zusammenwirken von Menschen, die mit ihren schöpferischen Energien gemeinsam etwas erzeugen, zuallererst eine Atmosphäre der Liebe und Kreativität. Erst in dieser Atmosphäre ist auch die sexuelle Begegnung heilig und erfüllend.

Die Sexualität in Paarbeziehungen kann auf drei Ebenen stattfinden:

Die erste Ebene ist die, wo Beziehungen über Macht und Manipulation laufen. In dem einen Extrem unterwerfen die Männer die Frauen, wenden vielleicht sogar Gewalt an und betrachten die Frauen als ihren Besitz. Im anderen Extrem verwenden die Frauen den Sex, um das zu bekommen, was sie wollen. In beiden Situationen entstehen Abhängigkeiten, Demütigungen und tiefe Verletzungen in unterschiedlicher Form. Man benutzt die Sexualität, weil man sich auf emotionaler und geistiger Ebene nicht richtig begegnen kann. Hier kommen die sexuellen Energien auf einer niedrigschwingenden Ebene zum Ausdruck.

Die zweite Ebene ist die der Gleichgültigkeit und Beliebigkeit, also die andere Seite von Abhängigkeit und Machtausübung. Man hat unbewusst Angst vor Verletzungen und vor dem Schmerz der Trennung, weshalb man gar nicht erst eine echte Beziehung eingeht. Man will Konflikten aus dem Weg gehen und keine Verantwortung übernehmen. Es geht um Spaß und Unverbindlichkeit. Wenn die Beziehung und der Sex keinen Spaß mehr machen, wird die Partnerin oder der Partner gewechselt.

Die dritte Ebene ist die der echten Beziehungen. Das bedeutet, wir sind innerlich verbunden und übernehmen Verantwortung, ohne dass wir den Partner oder die Partnerin an uns binden oder bevormunden. Die Beziehung beruht auf Vertrauen und gegenseitigem Respekt, ohne dass Angst und Eifersucht entstehen, weil Liebe im tiefen Sinn die Grundlage der Beziehung ist. Ich stelle mir hier eine liegende ∞ vor, in der sich jeder der beiden Menschen in einer der Schleifen befindet. Beide haben ihren eigenen Raum und sind gleichzeitig verbunden. Die Energie der beiden fließt zwischen ihnen in der Form der liegenden ∞, und es ist auch ein Zeichen für Unendlichkeit. Die beiden können sich sehr nah sein oder sich an weit entfernten Orten befinden, aber die Verbindung ist immer vorhanden und spürbar. Eine äußere Distanz ändert nichts an der inneren Verbindung. Die Verbindung ist nicht davon abhängig, ob man ständig zusammen ist. Es geht um die Qualität des Zusammenseins, nicht um die Quantität. Man kann vierundzwanzig Stunden am Tag zusammen sein und sich nicht wirklich begegnen oder wahrnehmen.

Wir können jede Beziehung in Form dieser liegenden ∞ sehen. Auch Eltern und Kinder, Freundinnen und Freunde, Bekannte und Verwandte stehen in einer solchen Beziehung. Das Zeichen ∞ zeigt, dass immer der Freiraum des anderen respektiert werden muss, denn sonst entstehen energetische Überlappungen. Man fühlt sich ausgegrenzt und nicht verstanden, oder es entstehen Gefühle wie: «Das wird mir zu viel», weil man beginnt, die Dinge der anderen zu tragen, statt in der eigenen Präsenz stark zu sein. Das gilt für alle Arten von Beziehungen, insbesondere aber für Paarbeziehungen.

Seelenpartnerschaft

Viele träumen von einer Seelenpartnerin oder einem Seelenpartner und meinen damit irgendeine utopische Idee von Traummann oder Traumfrau. «Seelenpartner» bedeutet jedoch *Seelenpartnerschaft!* Und diese beginnt zuerst mit uns selbst. Welche Beziehung hast du zu dir? Bist du dir selbst Seelenpartner/in? Immerhin bist du die Person, mit der du jeden Tag ins Bett gehst!

Es ist nicht nötig, immer über den Schmerz zu lernen. Wir können auch über die Innenschau und Selbsterkenntnis lernen, indem wir zuerst die Schatten und Mängel in uns selbst klären und auflösen. Denn wir sind jetzt am Anfang des Wassermannzeitalters und der Wassermann ist ein Luftzeichen. Dieses Luftzeitalter bringt neue Beziehungsmodelle mit sich, die sich von denen der vergangenen Zeitalter unterscheiden. Über lange Zeit hinweg wurden Beziehungen vor allem über äußere Kriterien definiert, indem man gemeinsam die äußere Welt gestaltete und kleine oder große Imperien aufbaute. Die Kinder waren dem Staat Dienst schuldig, und die Söhne wurden Soldaten. Dieses System prägte die gesamte Beziehungsstruktur der Frauen und Männer.

Das Luftzeitalter ruft nun nach geistigen Beziehungen. Es geht um Seelenverbindungen, und das bedeutet, dass wir zuerst in uns selbst die Seelenverbindung herstellen, und dann manifestiert sich eine entsprechende Beziehung auch im Außen. Beziehung fängt bei uns selbst an! Die Seelenpartnerschaft beginnt dadurch, dass wir die Beziehung zwischen unserer inneren Frau und unserem inneren Mann heilen und integrieren. Dann sind wir wie von selbst in Resonanz mit Menschen, die ebenfalls in sich diese Ganzheit anstreben.

Wir müssen den Mut haben,
die Komfortzone des «Normalen» zu verlassen
und Altes loszulassen.

Heilung vollzieht sich zuerst im Inneren. Um dieser inneren Verbindung näherzukommen, ist es in einer bestimmten Lebensphase vielleicht erforderlich, sich von äußeren Beziehungen zurückzuziehen.

Ein solcher Rückzug ist keine Resignation, sondern eine Erkenntnis der Prioritäten. Wenn wir zuerst unsere innere Seelenpartnerschaft finden, wird sie zu einem Resonanzverstärker für unsere Beziehungen zu anderen Menschen. Dann ist auch eine Seelenpartnerschaft möglich. Eine solche Beziehung bedeutet nicht einfach ewige Flitterwochen, sondern gemeinsames Wachsen in Einheit und Liebe. Denn es geht darum, dass beide in ihre eigene Ganzheit kommen. Das ist ein persönliches Abenteuer, aber auch ein wichtiges Thema für den Frieden auf der Welt. Wir gestalten hier Zukunft. Wir kreieren die Welt für die nächste Generation!

Hochsensitive Kinder wie «Indigokinder», «Kristallkinder» und «Regenbogenkinder» reagieren äußerst sensibel auf disharmonische Beziehungen und Strukturen. Sie erkennen intuitiv, was unnatürlich und manipulierend ist, und wehren sich dagegen. Sie wollen die Welt verändern. Denn sie sind die Kinder des neuen Zeitalters.

Erst wenn wir das innere Lichtkind erweckt haben, können wir diese Kinder wirklich verstehen und mit ihnen richtig umgehen. Sie bringen ein multidimensionales Bewusstsein mit sich und sehen die Welt anders als diejenigen, die heute die Welt gestalten. «Das war schon immer so» ist für diese Kinder kein Argument. Sie brauchen Argumente, die einem multidimensionalen Bewusstsein entsprechen.

Die fünf Ebenen unseres Menschseins

In allem, was wir tun, wirken fünf Ebenen zusammen: der Verstand, das Herz, das Geistige, der Körper und die praktische Handlungsebene.

Ich stelle mir manchmal bildlich vor, dass alle fünf gemeinsam an einem Tisch sitzen und gleiches Mitspracherecht haben, jeder auf seine Art und Weise. Keine der fünf Ebenen sollte vernachlässigt oder ausgeblendet werden. In allen Menschen ist das eine oder das andere etwas mehr ausgeprägt, aber es sind immer alle fünf Ebenen vorhanden. Wenn sie alle den für sie natürlichen «Platz am Tisch» bekommen, sind wir im Gleichgewicht und in der Ganzheit. Dann gelingt es uns auch, durch das gesunde Zusammenspiel dieser fünf Ebenen unseren Alltag gut zu managen und nicht in eine Überforderung oder in eine Einseitigkeit zu geraten.

Das Zusammenspiel dieser fünf Ebenen stellt auch in Paarbeziehungen die Grundlage dar. Wenn nicht alle fünf integriert sind, beginnt man zu kompensieren. Wenn auf der Herzebene ein Mangel besteht, kompensiert man auf der materiellen Ebene, oder man versucht, die Emotionen woanders auszuleben, und geht fremd oder stürzt sich in die Arbeit. Wenn die Verstandesebene nicht richtig integriert ist, redet man aneinander vorbei oder redet nur oberflächlich oder gar nicht miteinander. Beide Seiten fühlen sich dann «nicht verstanden». Das Gleiche gilt für die körperliche (sexuelle) Ebene in einer Beziehung. Auch diese Art der Begegnung und Kommunikation ist ein wichtiger Aspekt. Wird sie vernachlässigt oder überbetont, führt das in die eine oder andere Richtung zu Störungen und Problemen.

Wird die körperliche Ebene allgemein vernachlässigt oder überbetont, kann das zu Stress, Krankheiten oder einem Zusammenbruch führen. In unserer Zivilisation stirbt jeder Dritte an Herz- und Kreislauferkrankungen, und auch jeder Dritte an Krebs, alle anderen Todesursachen zusammen machen das dritte Drittel aus.

Im Körper können sich Symptome zeigen, die eine Vorgeschichte im Geistigen haben. Die Symptome sind dann Warnlichter wie die Öl-Warnanzeige im Auto. Wenn dieses Lämpchen aufleuchtet, behandeln wir nicht das Lämpchen, sondern es ist klar, dass dieses «Symptom» erst dann wieder verschwindet, wenn wir die Ursache beheben.

Die geistige Ebene ist in einer Paarbeziehung besonders wichtig, weil sie über das Körperliche hinausgeht und letztlich die bleibende Grundlage darstellt. Durch das Geistige sieht man sich gegenseitig nicht nur als Mann und Frau, sondern nimmt sich in der spirituellen Essenz wahr, wodurch es auch möglich wird, sich in dieser Dimension zu begegnen und sich als geistiges Wesen zu sehen. Zum Geistigen gehören dementsprechend gemeinsame Visionen der persönlichen Entwicklung, wodurch Synergien entstehen können, und die Beziehung wird durch gemeinsame spirituelle Erlebnisse bereichert und gestärkt. In meiner Praxis sehe ich des Öfteren, dass die Dimension des Geistigen für suchende Menschen im Alter ab 40 Jahren eine vorrangige Bedeutung bekommt. Wenn sich in einer Beziehung beide auf diese Herausforderung einlassen, wird eine neue Phase der Reife und Tiefe eingeleitet. Ansonsten kann eine Kluft entstehen, weil der Mann oder die Frau sich vernachlässigt oder «abgehängt» fühlt.

Natürlich bleiben viele Paare ohne die besondere Integration des Geistigen zusammen, weil eine Gemeinsamkeit auf der Herzebene besteht oder weil es einfach Konvention ist. Man hat Kinder und Enkel und identifiziert sich über die Familie, was vollkommen richtig und normal ist, aber eben «normal». Wie bereits erwähnt, es ist normal gemäß den alten Modellen, wo Beziehungen vor allem über äußere Kriterien definiert werden, wie die eigene Familie und die gesellschaftliche Konvention. Für die meisten Menschen ist das stimmig, und ich will daran keine Kritik üben. Mein Hinweis geht nur dahin, dass mit dem neuen Zeitalter nicht mehr so sehr die äußeren Kriterien, sondern das Geistige die Grundlage der Beziehungen und der Gesellschaft sein werden.

Die Intuition als Stimme der Quelle in uns

Die fünf Ebenen unseres Menschseins (der Verstand, das Herz, das Geistige, der Körper und die praktische Handlungsebene) sind Faktoren, die wir wie Instrumente verwenden können. Manchmal sind wir mehr auf der einen Ebene aktiv, manchmal mehr auf einer anderen. Es gibt aber noch einen weiteren Faktor, und dieser wird nicht von unserer Persönlichkeit gesteuert, sondern von der Intuition, der Stimme deines Herzens, die direkt aus der Quelle kommt. Die Intuition ist mit jeder der fünf Ebenen verbunden und kann uns immer eine klare Führung geben, wenn wir sie hören. In Teil 2, Schlüssel 2 «Intuition ist der Schlüssel zu deinem Herzen» (Seite 113), werde ich näher auf die Intuition eingehen.

6
Selbstheilung wirkt sich auf die ganze Welt aus

Die Menschheit befindet sich in einem Bewusstseinswandel. Dazu gehört die Erkenntnis, dass die Erde und der gesamte Kosmos eine lebendige Ganzheit bilden und dass wir Menschen Teil dieser Ganzheit sind. Wir sind multidimensionale Wesen in einem multidimensionalen Kosmos. Unsere geistige Heimat ist kosmisch und unsere Quelle göttlich. Als Menschen trennen wir uns manchmal von der Quelle, aber die Quelle trennt sich nie von uns. So bleibt das Licht auch bei der tiefsten Finsternis immer im Hintergrund präsent, und wir können deshalb auf der Erde das Licht verstärken und verankern. Das Wissen um die geistige Welt bringt uns mit den tieferen Ebenen unseres Seins in Kontakt, und du, liebe Leserin, lieber Leser, wirst durch diesen Kontakt erleben, wie sich dein Leben wie eine Blume öffnet und dein wahres Wesen sich offenbart.

*Du bist ein Erdenlicht und
mit deinem persönlichen Wachsen
dienst du dem globalen Erwachen.*

Wir sind Teil der großen Schöpfung

Wir sind alle Teil eines größeren Seins und wir alle sind miteinander verbunden. Was immer wir machen, hat einen Einfluss auf das Ganze. Erst wenn wir erkennen, dass wir mit der ganzen Schöpfung verbunden sind, werden wir uns wirklich bewusst, dass wir nicht allein sind. Dieses Wissen ist in unserem Herzen tief verankert und wird zur erlebten Wirklichkeit, wenn wir uns immer wieder daran erinnern. Dann können wir sehr wohl auch allein sein, ohne uns einsam zu fühlen. Umgekehrt können wir mitten unter vielen Menschen sein und uns einsam fühlen.

Wie in Kapitel 1 erwähnt, beruht die ganze Schöpfung auf Energie und Bewusstsein. Wenn wir uns allein und isoliert fühlen, ist unser Bewusstsein von der Schöpfung getrennt. Aber wenn wir unser natürliches Bewusstsein wiedererlangen, nehmen wir die Welt und uns selbst in einem neuen Licht wahr. Dann erwacht der «Indianer» in uns. Wir spüren jeden Baum, jede Blume, jede Pflanze und jedes Tier als Teil der großen Schöpfung, weil wir uns selbst als Teil der großen Schöpfung erkennen. Diese Erkenntnis führt zu einer tiefen Heilung des sich getrennt Fühlens, damit dienen wir nicht nur uns selbst, sondern der ganzen Welt und allen anderen Menschen.

Ich stelle mir hier immer das Bild von den Fischen im Meer vor. Kein Fisch wird jemals meinen, es gebe zu wenig Wasser im Meer und er müsste mit den anderen Fischen um das Wasser kämpfen. Die Fische fragen sich nicht, wo das Wasser zum Leben ist. Es ist für sie ganz natürlich und selbstverständlich, dass das Wasser vorhanden ist. Ebenso schwimmen auch wir in einem Meer von unbegrenzter Energie. Aber im Gegensatz zu den Fischen haben wir Menschen die freie Wahl, ob wir uns mit diesem Lebensfeld und mit der Quelle verbinden oder nicht. Wie bereits erwähnt, können wir uns von der Quelle trennen, aber die Quelle trennt sich nicht von uns. Sei dir also bewusst, dass die Quelle ein unendliches Energiemeer ist. Du schwimmst förmlich in diesem Meer. Du darfst dich dieser Energie öffnen und sie einfließen lassen. Du bist Teil dieser Energie und bist immer mit der Quelle verbunden, so wie die Sonnenstrahlen mit der Sonne verbunden sind. Die Sonne kann nicht getrennt von ihren Strahlen existieren, und die Strahlen existieren nicht getrennt von der Sonne. Nun stelle ich mir vor, dass die Sonne als Bild für die göttliche Quelle nicht nur ein Punkt oder Stern ist, sondern eine unendliche Quelle, eine unendliche Allgegenwart. Und du bist ein Strahl aus dieser allgegenwärtigen Quelle. Kannst du spüren, was das für dich bedeutet? Ich meine, Jesus wollte auf diese untrennbare Einheit und Vielheit hinweisen, als er sagte: «Ich und der Vater sind eins.» Das sagte er nicht, um einen exklusiven Anspruch zu erheben, sondern er betonte, dass dies für alle Menschen gilt. Wir sind nicht Gott, aber «eins mit Gott», so wie die Sonnenstrahlen nicht die Sonne sind, aber im Bild mit der Unendlichkeit «eins mit der Sonne».

Was ist der Nutzen für uns und die Welt, wenn wir das verstehen?

Stell dir vor, was sich alles ändert, wenn du und alle Menschen erkennen: «Ich und die Quelle sind eins.» Es verändert sich alles!

Wenn wir nicht mehr aus der Trennung, sondern aus dem Bewusstsein der inneren Verbundenheit heraus leben, bekommt *unser gesamtes Leben* eine neue Grundlage. Dieses neue Bewusstsein, von dem so oft gesprochen wird, verändert die Form unseres Zusammenlebens als Gesellschaft und unsere Beziehung zur gesamten Tier- und Pflanzenwelt. Alles, was wir tun, geht über das Persönliche hinaus, weil immer der höhere Zusammenhang gesehen wird. Die Menschen können wieder ihrem göttlichen Wesen entsprechend leben. Die Form der Religionen wird sich verändern, ebenso die Form, wie die Menschen wirtschaftlich zusammenarbeiten. Das Gegeneinander geht in ein Miteinander über.

«Arbeit» bekommt wieder die Bedeutung eines sinnvollen und erfüllenden Beitrags des Einzelnen für das Ganze.

Die Ausbeutung und Verschmutzung der Natur werden beendet. Die Erde kann sich erholen, und alle Wunden in den ökologischen

Systemen heilen. Für die Menschen wird die Hochsensitivität wieder etwas Normales. Der Zugang zu den geistigen Welten wird offener, und wir können als Menschen wieder die lichtvollen Energien durch uns fließen lassen.

Licht «infiziert» die Dunkelheit

Wir sind jetzt in einer Zeit angekommen, in der ein alter Zyklus abgeschlossen wird und sich ein neuer Zyklus offenbart.

Das Ungleichgewicht, das wir wahrnehmen, erweckt in uns eine Sinnsuche und das tiefe Sehnen, das Gleichgewicht in uns und in der Welt wiederherzustellen. Jedes Ungleichgewicht birgt in sich die Aufforderung an uns, es zu beheben. Deshalb ist es unser Ziel, Krankheiten zu heilen, Kriege zu beenden und Konflikte zu lösen. Die abgetrennte Dunkelheit löst sich auf, wenn sie wieder mit dem Licht verbunden wird.

Dieses Verständnis kann dir helfen, immer auf den eigentlichen Lebenssinn fokussiert zu bleiben. Deine Lebensumstände mögen für dich manchmal unverständlich sein oder dir gar sinnlos erscheinen, und doch bergen sie Heilung in sich. Das Erkennen des Sinns dieser Lebensumstände ist der Schlüssel zur Heilung, denn alles hat einen Sinn, auch die Begegnung oder Konfrontation mit dem, was nicht gut ist. Der Sinn besteht darin, dass wir mithelfen, das Ungute wieder gut werden zu lassen. Das Ungute kann nicht aus eigener Kraft wieder gut werden, so wie Dunkelheit nicht aus eigener Kraft wieder Licht werden kann. Die Dunkelheit wird nur dann aufgelöst, wenn Licht in die Dunkelheit kommt. Und dieses Licht bist auch du! Wenn du Ungutes und Böses in der Welt siehst, besteht die Herausforderung und die Prüfung darin, dieses nicht zu verurteilen, sondern mit deiner Liebe und deinem Licht anzustrahlen.

Die Erde ist der Ort der Heilung, und alles, was abgetrennt ist, hat hier die Chance, wieder mit dem Licht in Kontakt zu kommen. Das Dunkle mag das Licht ablehnen und sich ihm widersetzen, aber es ist mit dem Licht in Berührung gekommen und beginnt dadurch zu ahnen, dass die Getrenntheit von der Quelle eigentlich eine Illusion ist. Diejenigen, die aus der Trennung heraus handeln, mögen diese Erkenntnis verdrängen und bestreiten, aber das ändert nichts daran, dass die Dunkelheit wieder mit dem Licht in Kontakt gekommen ist. Das Licht «infiziert» die Dunkelheit, und diejenigen, die aus der Getrenntheit handeln, werden dadurch immer mehr Zweifel an ihren Denkmustern entwickeln, bis diese Zweifel irgendwann so stark sind, dass sie wie große Risse die ganze Mauer der Trennung sprengen und in sich zusammenfallen lassen.

Bis das geschieht, müssen diejenigen, die dem Licht dienen, achtsam sein, dass sie nicht selbst infiziert werden, sei es durch Zweifel und Angst oder gar durch Verblendung und Verführung. Der beste Schutz ist die Stimme des Lichts in uns, die Stimme unseres Herzens, die Intuition, und die Stärke, die durch das gesunde Zusammenwirken der fünf Ebenen in uns entsteht, wie im letzten Kapitel beschrieben.

Unterschiedliche Energien erkennen und lernen, mit ihnen umzugehen

Unsere geistige Heimat ist kosmisch und unsere Quelle göttlich. In den Lichtwelten müssen die Lichtwesen sich nicht in einem schützenden Sinn abgrenzen, weil alle Lichtwesen aus sich selbst heraus strahlen und in sich ruhen. Alle Beziehungen beruhen auf Liebe, und wenn Liebe «geteilt» wird, verdoppelt sie sich. Liebe vermehrt sich, wenn wir sie teilen!

In den Lichtwelten gibt es keine Übergriffe und keinen Energieraub. Ein solches Verhalten ist typisch für Wesen, die sich vom Licht getrennt haben und aus einem Mangel heraus handeln. Wenn Lichtwesen auf der Erde inkarnieren, sind sie aufgrund ihrer Herkunft nicht gewohnt, sich abgrenzen zu müssen. Deswegen kann es geschehen, dass diese Menschen hintergangen, betrogen und ausgenützt werden, bis sie – fast wider Willen – beginnen, sich abzugrenzen. Hier rüttelt uns Jesus in der Bergpredigt auf, wo er sagt: «Gebt das Heilige nicht vor die Hunde und werft eure Perlen nicht vor die Schweine.» Er warnt uns an dieser Stelle, dass wir dadurch nicht nur verletzt werden und unsere Perlen verlieren, sondern dass unsere Perlen dann sogar zerstört werden und wir auch noch angegriffen werden. Es besteht also die Gefahr der vielfachen Verletzung.

Auf der Erde haben wir es mit unterschiedlichen Kräften zu tun, und wir müssen lernen zu unterscheiden. Was ist kompatibel mit uns? Wo werden wir verstanden, wo werden wir gestärkt und wo nicht?

Ich habe das Gefühl, dass es auch hier auf der Erde nicht immer so war. Die Menschen lebten ursprünglich in Harmonie mit der Schöpfung und nahmen die geistigen Welten und die göttliche Quelle wahr. Die Frauen und Männer lebten ganz im Gleichgewicht der weiblichen und männlichen Energie. Sie wussten, dass sie als Menschen dem großen Plan der Heilung dienten, der sich über eine lange Zeit erstreckte. Und so kamen ab einer gewissen Zeit auch die Seelen aus den abgetrennten Welten zur Erde, und diese brachten ihr inneres Ungleichgewicht mit sich, was zu Gewalt untereinander und gegen die Tiere und Pflanzen führte.

Du hast schon viele Geschichten über Atlantis und andere geheimnisvolle versunkene Hochkulturen gehört. In meinem Herzen ist eine Resonanz zu diesen Bildern, und ich fühle, wie die geistige

Welt aus diesen Ebenen heraus mit mir spricht. Ich suche in diesen Bereichen keine intellektuelle Auseinandersetzung, sondern höre einfach auf mein Gefühl und was ich in mir wahrnehme. Spüre auch du in dich hinein! Was spürst du beim Gedanken an ein goldenes Zeitalter? Was spürst du beim Gedanken an all das Ungute, das später unter die Menschen kam?

Wie auch immer die Vergangenheit war, heute geht es darum, dieses Ungute wieder zu heilen und in das Schöpfungsgleichgewicht zurückzuführen. Denn das ist der Sinn unseres Daseins hier als Menschen. Die Dunkelheit kommt mit dem Licht in Kontakt, und das Licht wird die Dunkelheit und die Trennung auflösen.

Du bist ein Erdenlicht

Die Lichtwesen, die Menschen wurden, wussten um diesen großen Plan. Und dieser Plan will sich heute erfüllen! Wenn du erkennst, dass du ein Lichtwesen in einem menschlichen Körper bist, bedeutet das nicht, dass mit dieser Erkenntnis alle Kämpfe in dir vorbei sind und dass nun alles im Leben vollkommen und einfach läuft. Diese Erkenntnis ist erst der Anfang.

Das Erwecken des inneren Lichts in dir erhöht deine eigene Schwingung und die Schwingung der Mutter Erde, und mit diesem Aufwachen unterstützt du dein persönliches Erwachen und gleichzeitig auch den Dimensionswechsel von Mutter Erde.

Deine Sensitivität und Sensibilität werden deine Stärke, und dein Licht, das du bist, führt dich immer mehr in dein Herz und in das Herz von anderen Menschen. Deine Aura – das Energiefeld, das dich umgibt – strahlt immer mehr aus seiner Ganzheit heraus, und du ziehst immer mehr Menschen und Situationen an, die mit dieser Ganzheit in dir in Resonanz sind. Die Ganzheit in dir strahlt in die Welt. Selbstheilung wirkt sich auf die ganze Welt aus!

*Gemeinsam,
mit vielen anderen Menschen zusammen,
erschaffen wir ein neues goldenes Zeitalter,
das Zeitalter des Lichts.*

7
Die stille Revolution der Liebe

Im Herzensraum spricht deine göttliche Seele

Wenn wir uns meditativ in unseren Herzensraum hineinfühlen, können wir wahrnehmen, dass sich in der Tiefe dieses Herzensraumes eine feine, wunderbar lichtvolle Energie zeigt. Es fühlt sich an, als würde ein goldener Fluss in die tiefsten Gewässer unseres Wesens einfließen. Wenn wir uns diesem Herzensfluss hingeben, können wir den Wandel in uns fühlen. Wir erkennen, dass dieser Fluss alles verändern wird und uns den Weg nach Hause zeigt. Wir können fühlen, wie eine neue Welt in uns geboren wird. Es ist die Welt deiner göttlichen Seele, die immer mehr Raum erhält und immer lebendiger und schöner wird. Es ist deine göttliche Seele, die mit dir in Resonanz ist und sich mit deiner irdischen Persönlichkeit verbindet. Deine Seele beantwortet deine Fragen, ohne dass du danach fragst. Wie ein zarter Hauch, der über dein SEIN streicht und dein Herz berührt.

Der goldene Fluss fließt und findet seinen Weg. Dein Herz synchronisiert sich mit dem höheren Bewusstsein, das aus dem Universum fließt. Einem Bewusstsein aus reiner Liebe.

Die neue Welt strahlt aus deinem Herzen

Die neue Welt hat ihre ganz eigene Sprache und eigenen Gesetze, sie schwingt auf einer höheren Ebene. Zu Beginn mag dies alles etwas merkwürdig für uns sein, denn auf einmal ist alles anders. Wenn unsere inneren Welten immer mehr beseelt werden, dann beginnt die innere Welt zu leuchten und dieses Leuchten ist heller als der hellste Stern am Himmel. Dieses innere Herzens-Licht tanzt mit uns und bewegt unsere Herzenswünsche und führt uns immer mehr in die Tiefe unserer Seele.

Die neue Welt wird aus unserer göttlichen Seele
geboren und strahlt immer lebendiger
aus unserem Herzen.

So lebendig, dass sie sich immer mehr im Äußeren manifestiert. Zuerst kreieren sich diese neuen Bewusstseinsfelder in der inneren Welt, dann im persönlichen Feld und strahlen dann immer mehr ins kollektive Bewusstsein. Wo vorher Leid und Widerstand war, ist jetzt Akzeptanz und Liebe.

Die Engel und Lichtwesen sind Teil dieser neuen Welt. Sie waren schon immer da, doch jetzt manifestieren sie sich auf allen Ebenen unseres Seins. Sie synchronisieren sich mit all unseren Körpern. Das bedeutet, bis in den physischen Körper und in die materielle Welt.

Hinter allem Guten und Ungutten ist immer
ein strahlendes Licht, das uns anlächelt und liebt.
Es ist einfach immer da.

Die neue Welt widerspiegelt die Reinheit unseres Herzens. Sie steht für Schöpferkraft, Treue, Erleuchtung und ein neues Miteinander.

Auf dem Herzensweg zu einem neuen Miteinander

Auf dem Herzensweg, der auch der Krönungsweg ist, wird die Suche nach Erleuchtung und das Erwachen in unserem Geiste allgegenwärtig. Auf unserem Herzensweg entwickelt sich unser menschliches Bewusstsein, und unser Herz erstrahlt immer mehr in seiner Reinheit und Schönheit, wie ein Stern, der anfängt zu leuchten. Das innere Licht, das in uns erwacht, ist die Verbindung zur spirituellen, ganzheitlichen Welt und es verbindet uns in Liebe mit unseren Mitmenschen und allen Wesen der Erde und des Himmels.

Das innere Herzenslicht hat die Fähigkeit,
in die dunkelsten Winkel zu strahlen,
sie auszuleuchten und zu heilen.

Was auch immer die Welt im Außen spiegelt, wie chaotisch vielleicht alles erscheint, mit der Kraft unseres Herzens erkennen und sehen wir, wie das kraftvolle Licht der neuen Zeit seinen Weg findet und die größte Krise auf einmal Nahrung für Veränderung und ein neues Miteinander sein kann.

Mein Herz schenkte mir dazu ein schönes Bild:

Ich sehe den überwältigend zauberhaften Nachthimmel mit seinen tausenden und abertausenden verschiedenen Sternen. Jeder Stern ist wie ein menschliches Herzens-Seelenlicht, das auf seine ganz eigene Weise in seiner Schönheit, Kraft und Anmut strahlt. Nun erkenne ich auch meinen eigenen Stern, der besonders liebevoll zu mir leuchtet. Jedes Seelenlicht hat seinen eigenen Klang, seine eigene Lebensaufgabe und seinen eigenen Lebenssinn, den es unentwegt ausstrahlt und weiterschenkt. Seelen-Sterne, die ähnlich schwingen, finden durch Resonanz zusammen in einem Sternenverbund, der unsere geistige Sternenfamilie oder Seelenfamilie darstellt. Die Seelenfamilie wird genährt durch alle ihre Mitglieder und nährt und trägt jede einzelne Seele. Auch diese Sternen-Seelenfamilie hat ihre ganz eigenen Aufgaben. Aber erst alle Familien mit allen Sternen zusammen ergeben ein harmonisches Ganzes, eine wunderbare Sinfonie, einen zauberhaften Sternenhimmel, eine Sternen-Menschheit, die in Frieden zusammenlebt und sich gemeinsam harmonisch entfaltet. Die Sinfonie der Menschheit erklingt dann im großen Orchester des Kosmos.

In jedem Moment, in dem wir unser Herzenslicht bewusst leben, wird die neue Welt geboren, in der alle Wesen der Erde und des Himmels eine harmonische Gemeinschaft bilden.

Zweiter Teil

Neun Schlüssel zur Co-Kreation mit der geistigen Welt

Einstimmung auf Teil 2

Als ich mit der Arbeit an diesem Buch begann, schrieb ich als Erstes einfach alles nieder, was mir wichtig erschien. Ich hatte noch keine klare Vorstellung, welche Struktur alle diese Themen letztlich annehmen werden. Ich vertraute darauf, dass die Ideen, Inspirationen und Hilfen immer zum richtigen Zeitpunkt kommen werden, und so war es auch. Die Hauptbotschaft des Buches zeigt sich nun auch in der Strukturierung des Textes. Teil 1 und Teil 2 sind wie Yin und Yang, wie die weibliche und männliche Seite der Schöpfung. Erst beide Seiten zusammen ergeben die Ganzheit.

Im Teil 1 wurden die Themen mit dem Verstand beleuchtet. Es ging um Philosophie und Theorie, aber diese Theorie macht Freude und gibt Kraft, weil sie nicht einseitig ist, sondern erklärt, was wir in unserem Herzen spüren und wissen. Aber wenn wir verstanden haben, was wir wollen, müssen wir dieses Wissen auch praktisch anwenden. Das ist der Inhalt von Teil 2. Die einzelnen Übungen mögen einfach sein, aber wenn wir sie tatsächlich ausführen, erleben wir, wie wirksam sie sind. Der Verstand sagt vielleicht, diese Übungen seien so einfach und kindlich, dass man sie gar nicht ausführen müsse, das Lesen oder Überfliegen der Beschreibung genüge bereits, und dann habe man verstanden, worum es gehe. Aber das wäre wieder eine Falle der Einseitigkeit. Bei den Übungen geht es eben nicht nur um das Verstehen, sondern um die praktische Anwendung! Es ist nicht dasselbe, ob du eine Übung nur liest oder sie auch wirklich regelmäßig ausführst, tief fühlst und in deinem Herzen verankerst!

Beim Schreiben des Buches zeichnete sich die Strukturierung in zwei Teile schon sehr bald ab. Diese zwei Hälften sind ganz natürlich, so wie die zwei Gehirnhälften. Wie die zwei Pole einer Ganzheit. Wie unsere zwei Beine, mit denen wir uns durch die Welt bewegen. Wie die zwei Flügel eines Schmetterlings. Kein Insekt und kein Vogel kann mit nur einem Flügel fliegen, und auch wir brauchen zwei Flügel, um zu fliegen. Wenn du dich auf die Übungen in Teil 2 einlässt und dein Leben auf diese Weise bereicherst, wirst du merken, wie du plötzlich fliegen kannst! Dank der Theorie und Philosophie wissen wir, wer wir sind und was wir wollen, und dank der Praxis und der systematischen Anwendung kommen wir auch tatsächlich voran und fühlen uns beflügelt und beschwingt. Dank der praktischen Übung kannst du das immer mehr ganz persönlich erleben: durch wundersame Fügungen und Begegnungen, durch neue Erkenntnisse, durch mystische Geschenke und vor allem durch die innere Ruhe und Harmonie. Dazu gehört auch die stille «Disziplin» der regelmäßigen Übung und inneren Ausrichtung.

Vorbemerkung zu den Meditationen

Der zweite Teil dieses Buches enthält mehrere Meditationen. Deshalb möchte ich kurz etwas dazu sagen, warum es so wichtig ist zu meditieren und was es dir bringt, wenn du die Meditationen wiederholt liest bzw. anhörst. Die Meditationen erinnern dich, dass du ein multidimensionales Wesen in einem multidimensionalen Kosmos bist. Dass es da eine Kraft gibt, die dich immer beschützt und begleitet, eine Kraft, die dich immer liebt. Die Meditationen sind im heiligen Raum des Herzens entstanden, und sie können dir helfen, dich immer mehr an dich selbst und an deine Berufung zu erinnern. Im Alltag kann es schnell geschehen, dass die äußeren Aktivitäten überhandnehmen und uns kaum mehr Zeit lassen für uns selbst. Und du fragst dich dann vielleicht: woher komme ich, wohin gehe ich? War das schon alles in meinem Leben? Bin ich am richtigen Ort? Die Meditationen unterstützen dich dabei, dich zu motivieren, immer wieder ganz bewusst Zeit für dich zu nehmen. Das ist sehr wichtig. Ab und zu meditieren ist gut und schön, doch erst das Wiederholen und Integrieren der Meditationen in den Alltag bringt deinen Körper, deinen Geist und deine Seele in eine höhere Frequenz, und es wird für dich dann immer leichter werden, dich zu erinnern, auch mitten im täglichen Leben. Deine Essenz zu fühlen wird allgegenwärtig. Ich wünsche dir viel Freude beim Eintauchen in diese Meditationen und bei den tiefen Begegnungen mit dir selbst.

Schlüssel 1

Die Natur ist der Schlüssel zur inneren Harmonie

Der moderne Lebensstil ist geprägt von Leistungsdruck, Stress und Technik, weshalb viele Menschen in unserer Zivilisation nur noch selten einen echten Kontakt mit der Natur haben. Aber schon ein kurzer Spaziergang in einem Park oder in einem Wald bringt eine Art von Erholung, die wir mit künstlichen Mitteln nicht erreichen. Die Natur hat die Kraft, unsere innere Harmonie zu stärken und uns mit uns selbst in Berührung zu bringen.

Wir können aus gesundheitlichen und sportlichen Ambitionen in die Natur gehen. Wir können es tun, um uns zu erholen und Energie zu tanken, oder einfach, um uns an den schönen Landschaften und Farben zu erfreuen. Die Natur lädt uns jedoch ein, mit ihr in eine tiefere Verbindung zu kommen. Wir können die Natur konsumieren, aber wir können mit ihr auch eine innere Beziehung aufbauen und mit ihr bewusst kommunizieren.

Wenn wir uns auf die Natur einlassen und tiefer schauen, sehen wir ein Farbenspiel an Energien in unterschiedlichsten Formen und Schwingungen. Überall ist Aktivität und Lebendigkeit. Wenn wir der Natur mit dem Herzen begegnen, erkennen wir Dimensionen, die wir mit den Augen und dem Verstand allein nicht sehen. Wenn wir zum Beispiel jeden Tag denselben Spaziergang machen, können wir immer wieder neu in die Energien eintauchen, mit Pflanzen und Tieren in Kommunikation treten, über die Lebendigkeit und Vielfalt staunen und für unsere irdischen Geschwister dankbar sein.

*Die Natur ist lebendig und somit findet
ein ständiger Informationsaustausch
zwischen uns und der Natur statt.
Denn wir sind Teil der Natur und alle Lebewesen
haben ihre eigene Art von Bewusstsein.
Wir mit unserem menschlichen Bewusstsein
stehen mit dem Bewusstsein
der Pflanzen und dem der Tiere in Beziehung.*

Das «pflanzliche» und das «tierische» Bewusstsein ist anders als unser Bewusstsein, aber wir alle sind Teil der großen lebendigen Einheit. Wir sind mit allem verbunden. Alles, was wir machen, hat einen Einfluss auf das gesamte System des Lebens. Alle Teile der Schöpfung hängen zusammen.

Als Schlüssel zur Natur habe ich hier vier Übungen zusammengestellt, für jedes Element eine. Die vier Elemente Erde, Wasser, Feuer und Luft finden wir überall. Alles Physische besteht aus den vier Elementen. Jedes Element repräsentiert Aspekte der Schöpfung und unseres Lebens.

Das Element Erde ist die dichteste Form der Materie. Hier erscheint die Materie in einer festen Struktur. In Form der Erde ist die Materie in allen drei Koordinaten «gebunden»: in der Breite, in der Länge und in der Höhe. Das Wasser ist nur in der Länge und Breite gebunden, und das Feuer nur noch in einer Richtung. Die Luft ist an keine Koordinate gebunden. Die vier Elemente zeigen vier unterschiedliche Formen der Materie, die alle zusammengehören und gemeinsam das physische Leben ermöglichen: vom gasförmigen Zustand bis hin zu den mineralisierten und kristallisierten Formen.

Mit den Übungen treten wir spielerisch mit den Elementen in Kontakt, verbinden uns mit ihren Eigenschaften und mit dem, was sie für uns symbolisieren. Wir lassen uns auf die Kraft der Elemente ein und lernen, ihnen immer wieder neu zu begegnen.

Die gesamte Erde besteht aus diesen Elementen, und unser Körper ebenfalls. Der Planet Erde ist ein lebendiges Wesen und ein Spiegel unseres Körpers. So wie wir mit unserem Körper umgehen, gehen wir mit der Erde um! Wir können uns ganz einfach fragen: Wie viel Energie und Zeit schenke ich der Erde und meiner Gesundheit? Was sind diese Geschenke der Natur mir wert? Wofür habe ich Zeit und wofür nicht? Bin ich bereit, meinen Körper wie einen Tempel zu behandeln und meinem Wohlbefinden, meinen Gefühlen, Gedanken und Energien die Aufmerksamkeit zu schenken, die sie verdienen? Was du hier praktisch tust, zeigt auch, welche Beziehung du zur Erde und zu den Elementen hast.

Die Übungen und die Meditation «Botschaft des Waldes» sind Anregungen, wie du über dein Herz Verbindung mit der Natur aufnehmen kannst, um dadurch deine innere Harmonie zu finden und zu stärken. Die Natur hat ihre eigenen Rhythmen, und diese Rhythmen können wir rituell nachempfinden. Das können Feste zu den vier wichtigen Sonnentagen sein (Tagundnachtgleiche zum Frühlings- und Herbstanfang, Winter- und Sommersonnenwende), es können auch tägliche Rituale sein. Ein schönes Ritual ist zum Beispiel, regelmäßig die hier beschriebenen geistigen Übungen auszuführen, wobei diese Übungen nur Vorschläge und Ideen sind. In welcher Form auch immer du sie machst, wichtig ist, dass du die Natur als Schlüssel zu deiner inneren Harmonie erkennst und diesem Aspekt deines Lebens den gebührenden Zeitraum schenkst.

Übung 1
Mit der Kraft des Elements Erde in Fülle, Dankbarkeit und Frieden kommen

Verbinde dich ganz mit deinem Herzen und mit dem Element Erde. Nimm die Kraft dieses Elements in jede Zelle deines Körpers auf. Das Element Erde repräsentiert die Stabilität, die Fruchtbarkeit, die Kraft des Körpers und der Mutter Erde. Mit der Kraft der Erde kannst du jegliches Mangeldenken überwinden, aus der Fülle heraus leben und der Fülle dienen.

Mit dieser Übung spürst du die Fülle der Erde und lässt dieses Gefühl in die Welt strahlen. Alles wächst aus der Erde, die Erde versorgt alle Lebewesen. Verkörpere dieses Gefühl der Erde! Stell dir vor, wie du barfuß auf dem Erdboden stehst. Vielleicht fühlst du Gras oder Humus unter deinen Füßen.

Vielleicht stehst du auch auf Sand oder auf einem warmen Stein. Fühle die nährende Kraft der Mutter Erde. Du stehst mitten in der Natur, überall wachsen Bäume, Sträucher und Blumen. Du siehst die Früchte an den Bäumen, die Beeren an den Sträuchern, eine Vielzahl von Getreidehalmen und Gemüsepflanzen. Alles wächst voller Pracht und duftet und strahlt in allen Farben.

Erlaube dir ohne schlechtes Gewissen, einen Korb mit diesen Gaben der Natur zu füllen. Es ist genug für alle da. Du fühlst, wie gut es dir geht, wie beschenkt und reich du bist, dass du einen ganzen Korb mit prächtigen Nahrungsmitteln füllen kannst. Fühle deine Dankbarkeit für das Leben, wie Mutter Erde dich liebt und dich mit allem, was du brauchst, versorgt. Die Erde gibt dir Kraft, Boden und Nahrung. Umarme in diesem Gefühl alle Menschen und visualisiere, wie das Licht der Erde alle Menschen erfüllt und heilt, sodass die Menschen erkennen: Niemand muss kämpfen und anderen etwas wegnehmen. Die Erde beschenkt uns in Fülle und lässt alles im natürlichen Rhythmus wachsen. Im Licht der Erde beginnen die Menschen wieder, in diesem Rhythmus zu leben und mit der Natur zu harmonieren. Fühle die Dankbarkeit, diesen Frieden, diese Freiheit und diese Liebe in dir und lass dieses Licht in die Welt strahlen.

Übung 2
Mit der Kraft des Wassers die Emotionen ins Fließen bringen

Verbinde dich ganz mit deinem Herzen und mit dem Element Wasser. Nimm die Kraft des Wassers in jede Zelle deines Körpers auf. Das Element Wasser repräsentiert die Gefühle, die weiblichen Energien, die Mystik und das Vertrauen. Stell dir einen wunderschönen See vor. Alle deine Emotionen leben in diesem See. Beobachte diesen See und schau, welche Stimmung sich dir zeigt. Der See ist manchmal stürmisch bewegt, manchmal dunkel gefärbt, manchmal türkisfarben und ruhig, und manchmal glitzert er im Sonnenlicht oder im Mondlicht. Je nach deiner Stimmung verändert sich das Wasser. Mit dieser Übung kannst du schnell und effizient, egal wo du gerade bist, deine Emotionen wieder ins Fließen bringen. Trägst du belastende Gedanken und die damit verbundenen Emotionen in dir, verformt sich das Wasser, wird unruhig und wird kälter und kälter, friert an gewissen Stellen sogar zu. Die Gedanken und Emotionen werden zu Eiskugeln, die in deinem schönen See schwimmen. Bringe diese Eiskugeln mit deiner wärmenden Herzenskraft und der heilenden Kraft des Wassers zum Schmelzen, damit sich das Wasser im See verteilen kann, bis es sich für dich wieder wie eine Einheit anfühlt. Wenn das Wasser stagniert, frieren deine Gedanken und Emotionen ein, und es ist wichtig, dass dein Wasser ruhig zirkulieren kann und sich wieder mit deinem See der Liebe und Erkenntnis verbindet. Finde das heilende Bild deines Sees, das deine Emotionen wieder in Balance bringen kann.

Übung 3
Mit der Kraft des Feuers das innere Energiefeld regulieren

Verbinde dich ganz mit deinem Herzen und mit dem Element Feuer. Nimm die Kraft des Feuers in jede Zelle deines Körpers auf.

Das Element Feuer repräsentiert die Kraft der Erneuerung, die Kraft der Inspiration, die Kraft des Willens und die Kraft der sexuellen Energie.

Mit der Kraft des Feuers kannst du deine inneren Energien regulieren und ins Gleichgewicht bringen. Wenn du zu viel Energie hast und überhitzt und überreizt bist, kannst du das innere Feuer neutralisieren. Wenn du zu wenig Energie hast und dich müde und ausgebrannt fühlst, kannst du das innere Feuer aktivieren. Stell dir in beiden Fällen vor, wie du an einem Feuer sitzt und die Energie des Feuers in dich aufnimmst. Verbinde dich über dein Herz mit dem Herzen des Feuers. Du spürst, wie das Feuer dich umarmt und deine Liebe erwidert. Du fühlst die Wärme in dir und die Kraft daraus. Du nimmst den Willen und die Kraft des Feuers in dir auf. Mit diesem Willen und dieser Kraft kannst du deine inneren Energien regulieren, damit in dir wieder die richtige Temperatur entsteht. Deine Energien sind wie mit einem Regulator verbunden, den du mit deinem Willen bewegst. Du kannst deine Energien steuern und einstellen, wie es der jeweiligen Situation entspricht.

Stelle dir nun als geistige Übung vor, wie du diesen Regulator bewegst. Lasse die Temperatur langsam steigen. Es ist gut, wenn sich der Körper erwärmt. Wenn du fühlst, dass du das Maximum erreicht hast, kannst du die Wärme verringern, bis dein Körper sich wieder anfühlt wie am Anfang der Übung.

Lasse dir gleich viel Zeit für das Verringern der Temperatur wie für das Steigern. Auf diese Weise erlebst du aus einer neutralen Situation heraus, wie du deine Energien verstärken oder verringern kannst.

Du kannst mit der Energie auch deine Hände aufladen und die Heilenergie durch die Hände fließen lassen, um anderen Menschen oder Tieren und Pflanzen Gutes zu tun. Nimm dir ebenfalls Zeit, dir selbst die Hände aufzulegen. Du kannst sowohl geben als auch empfangen, beides ist gut und wichtig.

Übung 4
Mit der Kraft der Luft dein Dasein durchlüften

Verbinde dich ganz mit deinem Herzen und mit dem Element Luft. Nimm die Kraft der Luft in jede Zelle deines Körpers auf. Das Element Luft repräsentiert die Kraft der Intelligenz, der Visionen und der Weisheit. Die Luft durchdringt alles und ist auch dort, wo kein Licht ist. Auch in Höhlen und dunklen Räumen ist Luft. Mit der Kraft der Luft kannst du alles durchschauen, auch das Dunkle. Intelligenz ist das Unterscheidungsvermögen: Was ist Licht? Was ist Dunkelheit? Wo bin ich mit meinem Bewusstsein? Worauf richte ich meine Aufmerksamkeit und meine Energie? Wo bin ich im Fluss? Wo stagniere ich? Wo in meinem Dasein habe ich dunkle Räume mit abgestandener Luft? Wo brauche ich frische Luft?

Forme dir in Gedanken einen Luftball. Du kannst dir auch vorstellen, dass dieser Ball wie eine Seifenblase aussieht, durchscheinend und in Regenbogenfarben. Nun nimmst du den Luftball in deinen Körper hinein, oberhalb des Herzens, dort wo die Thymusdrüse ist. Von dort aus lässt du den Luftball durch den Körper kreisen, und überall da, wo stagnierende Energie ist, bringt die Luft Leichtigkeit und lässt die Energie wieder fließen. Du fühlst, wie die Luft sich im ganzen Körper ausbreitet. Du fühlst, wie du in einem Raum mit stickiger Luft das Fenster öffnest und die frische Luft einatmest. Dein Körper ist der Tempel der Seele. Du kannst dir vorstellen, wie dieser Tempel Fenster und Türen hat, die regelmäßig zum Durchlüften geöffnet werden, damit alte Energien rausgelassen und neue Energien verankert werden können. Du fühlst, wie gut es ist, die Türen deines Tempels für eine Weile zu öffnen und Lichtenergie in dich einströmen zu lassen.

Wenn du dich wohlfühlst und bereit bist, kannst du das visualisierte Haus vergrößern und dein äußeres Energiefeld miteinbeziehen. So wird dieses große Energiefeld zum Tempel für deinen physischen Körper. Dein Körper ist im Tempel deines multidimensionalen Seins. Du fühlst, wie groß und leicht und frei du bist. Du fühlst, wie das Luftelement dir den Raum gibt und die Freiheit, die du suchst und auch brauchst. Wir sind viel größer, als wir ahnen. Mach diese Übung immer wieder und genieße es, die Luft und die Beweglichkeit in dir zu spüren.

Meditation
Botschaft des Waldes

Bitte setze oder lege dich bequem hin und entspanne deinen Körper. Schließe deine Augen und erlaube deinem Körper, dass er ganz ruhig und entspannt ist. Atme tief ein und aus, und mit jedem Atemzug entspannst du dich mehr und mehr. Atme rhythmisch ein und aus – und lasse sanft alle Gedanken des Alltags los. Wie große Seifenblasen fliegen alle Gedanken davon, bis du ganz leicht und leer bist. Mit jedem Atemzug entspannst du dich tiefer. Du fühlst dich wohl und geerdet.

In Gedanken gehst du nun an einen schönen Ort in einem Wald ... irgendwo auf der Erde. Vielleicht ist es ein Ort, den du bereits kennst: ein Ort aus deiner Kindheit, ein Ort aus deinen Ferien oder ein Ort von einer Wanderung oder einem Spaziergang. Vielleicht ist es ein Ort, der sich jetzt in deinem Herzen zeigt und an dem du im Moment sein möchtest.

Du riechst und fühlst Mutter Erde. Du nimmst die nährende Erde in jeder Körperzelle wahr. Verinnerliche diesen wundervollen Ort, den du dir als deinen Lieblingsplatz ausgesucht hast. Du fühlst dich sicher und frei ... und du bist nun bereit, dass wir gemeinsam auf eine Reise gehen.

Du bist jetzt in der Natur, im Wald, an deinem Platz, der dir sehr gefällt und den du als wunderschön empfindest. Siehe und fühle den Wald mit jedem Atemzug. Du fühlst dich hier sicher und geborgen. Du schaust dich um, in alle Richtungen. Etwas entfernt siehst du einige große Bäume, sie strahlen und leuchten schon von weitem. Du fühlst die heilende Kraft, die von diesen Bäumen ausgeht. Diese Bäume stehen in einer Einheit zueinander. Etwas Wundervolles verbindet sie. Es ist, als würden sich diese Bäume einander mitteilen. Sie kommunizieren miteinander. Du siehst ihr gemeinsames Kraftfeld. Auf einmal fühlst du, wie die Energie der Bäume auch dich miteinschließt. Es ist, als würden diese Bäume dich mit ihrer Energie umarmen. Sie berühren dich tief in deinem Herzen. Diese alten weisen Geschöpfe sind tief verbunden mit der Natur. Sie stehen als Zeugen in Raum und Zeit und können dich sehen und verstehen.

Nun hörst du einen inneren Ruf. Einer dieser Bäume ruft dich. Er möchte dir eine Botschaft überbringen, die nur für dich bestimmt ist. Öffne dein Herz und du wirst erkennen, welcher Baum für dich eine Botschaft hat. Du wirst ihn fühlen und in deinen inneren Welten sehen. Verbinde dich mit ihm. Das unsichtbare Band, das euch vereint, ist euer ganz persönliches Geschenk. Du siehst, wie ihr in eurem gemeinsamen Kraftfeld steht. Nimm dieses Bild und Gefühl in dein Herz, denn über das Herz kannst du eine Verbindung zu allen Geschöpfen herstellen. Wenn du bereit bist und das Bild deines Baumes in deinem Herzen verinnerlicht hast, lässt du eine Frage in deinem Bewusstsein entstehen. Fühle diese Frage in jeder Körperzelle in dir.

Wenn du bereit bist, sende die Frage von deinem Herzen in das Herz des Baumes ... und dann warte einfach und empfange die Botschaft ... ohne Erwartungen. Du bist geistig empfänglich für die Antwort, die der Baum dir sendet. Vielleicht siehst du ein Bild oder empfängst ein Gefühl oder einen Impuls. Lass einfach zu, was geschieht und geschehen darf. Du spürst das Geschenk der Stille und der Kraft. Verwurzle diese Stille und Kraft in dir.

Fühle die Dankbarkeit und den Segen, den ihr – du und der Baum – in dieser Begegnung empfangen habt. Verneigt euch voreinander in tiefer Freundschaft und Verbundenheit.

Wann immer du willst, kannst du mit dem Baum Kontakt aufnehmen und ihm Fragen stellen oder einfach wieder mit ihm in der Stille und Kraft zusammen sein. Der Baum ist immer da für dich, Tag und Nacht, in jeder Jahreszeit, bei jeder Witterung. Es mag regnen, stürmen, blitzen und donnern, der Baum steht immer da in seiner Anmut, Standhaftigkeit und Schönheit, und er erinnert dich an deine Anmut, Standhaftigkeit und Schönheit. Verinnerliche dieses Bild und nimm es mit in dein Tagesbewusstsein.

Schlüssel 2

Intuition ist der Schlüssel zu deinem Herzen

*Die Intuition ist die innere Stimme,
die direkt aus der göttlichen Quelle kommt,
denn wir sind in unserem Herzen
mit der Quelle verbunden.
Die Intuition ist die innere Führung.
Die Religionen sprechen hier
von der Stimme Gottes in unserem Herzen.*

Eine intuitive Wahrnehmung ist nicht einfach ein gefühlsmäßiges Erahnen einer Antwort und auch nicht eine hellsichtige oder hellfühlende Wahrnehmung. Für mich ist die Intuition eine Art passiver Eingebungs-Sinn, weil wir sie nicht aktiv, aus dem eigenen Willen heraus, abrufen können. Sie meldet sich oftmals dann, wenn wir es nicht erwarten, und sie sagt nicht selten das Gegenteil von dem, was wir vom Ego her hören möchten. Es kann sein, dass sie Nein sagt, wenn wir ein Ja wollen, und umgekehrt. Wir können uns aber auch meditativ bereit machen, die Intuition zu empfangen und die innere Stimme zu hören.

Aufschlussreich ist, was das Wörterbuch zum Begriff Intuition sagt. Intuition kommt vom Wort *intuitio* aus dem mittelalterlichen Latein und bedeutet «Anschauung, Betrachtung, innere Schau» und entstand aus dem lateinischen Wort *intueri*, «hinschauen, betrachten, wahrnehmen». *Intuition ist das, was wir wahrnehmen, wenn es uns innerlich gezeigt wird*. Bei der Intuition sind wir Empfangende, weshalb ich sie als eine passive Wahrnehmung bezeichne. Aktiv sind wir beim sechsten Sinn, wo es um die hellsichtige und hellfühlende Wahrnehmung geht. Den sechsten Sinn können wir trainieren. Aber die Intuition können wir nicht in der Art stärken oder trainieren, wie wir ein Muskeltraining oder Mentaltraining machen. Die innere Verbindung mit der Quelle ist immer da. Was wir lernen und trainieren können, ist das *Hören und Wahrnehmen der Intuition.*

Intuition ist nicht dasselbe wie das Gewissen oder das Bauchgefühl. Das alles sind verschiedene Instanzen innerer Wahrnehmung. Das Gewissen ist ebenfalls eine innere Stimme, aber es kann beeinflusst und manipuliert werden. Wir haben die Redewendung «jemandem ein schlechtes Gewissen machen». Wenn das geschieht, kommen Schuldgefühle oder Gefühle des Minderwerts auf.

In der Psychologie wird diskutiert, ob der Mensch bereits mit einem Gewissen auf die Welt kommt oder ob das Gewissen von außen – von der Familie, der Gesellschaft, der religiösen Erziehung, der Schule – aufgebaut wird. Gemäß meiner Wahrnehmung wird uns das Gewissen nicht von außen eingepflanzt. Wir bringen es mit in unser Leben. Das Gewissen ist für mich die Erinnerung an unsere geistige Heimat. Tief in uns wissen wir, wie das Leben in der geistigen Welt ist, und das Gewissen erinnert uns daran, was der Ethik dieser Welt entspricht und was nicht.

Ich hörte auch einmal, dass das Gewissen die Erinnerung an unseren Lebensfilm ist. Menschen, die eine Nahtoderfahrung gemacht haben, erzählen, dass sie ihr Leben wie in einem Film, der rückwärts lief, gesehen haben. Sie sind die Beobachter des eigenen Lebens und erkennen dabei genau, was aus göttlicher Sicht gut war und was nicht. Wenn diese Menschen wiedererwachen, ist ihr Gewissen sehr wach und sensitiv, und viele verändern ihr Leben grundlegend. Wenn wir geboren werden, nehmen wir ebenso die Erinnerung an diese Erfahrung mit, obwohl mit der neuen Inkarnation die bewusste Erinnerung verschwindet. Das Gewissen wird dann zusätzlich von äußeren Faktoren geprägt und geformt.

Das Bauchgefühl ist für mich das, was bei den Tieren der Instinkt ist. Auch wir können instinktiv wahrnehmen, wenn Gefahr droht oder wenn uns etwas nicht guttut. Tiere haben einen untrüglichen Instinkt, und auch unser Instinkt könnte untrüglich sein. Das Bauchgefühl ist die Körperintelligenz, so wie wir auch eine Herzintelligenz haben. Der Körper besteht aus Schwingung und Licht, und wenn wir einen guten Bezug zu unserem Körper haben, dient er uns als Radar, als Warnlicht und auch als Kompass!

Wir können die Intuition nicht ein- und ausschalten. Sie ist immer eingeschaltet und präsent, so wie die Quelle immer präsent ist. Die Frage ist nur, ob oder wie gut wir sie wahrnehmen. Sie gibt uns die Fähigkeit, Dinge zu erfassen und Entscheidungen zu treffen, die den normalen Gebrauch des Verstands übersteigen. Für viele Menschen ist die Intuition ein stiller Begleiter des tieferen Bewusstseins. Wenn du mit deiner Intuition verbunden bist, erkennst du es immer an einem Gefühl von Zuversicht, Geborgenheit und Stimmigkeit.

Die Intuition lässt sich am besten in Momenten der Stille wahrnehmen. Aber Achtung: Die Intuition ist meistens nicht die lauteste Stimme in dir! Der Zugang zur Intuition ist oft durch eine Fülle von Gedanken überdeckt. Meistens nehmen wir die Gedanken ernster als die leise Stimme der Intuition, eben weil die Gedanken lauter und aufdringlicher sind. Immer wieder schalten sich der Verstand und die dazugehörenden Glaubenssätze ein, die den Zugang zur Intuition wieder verschließen. Solche Glaubenssätze sind zum Beispiel: «Das schaffe ich nicht. Das tut man nicht. Das ist nicht normal. Was denken die anderen?»

*Wenn du lernst, auf deine Intuition zu hören
und ihr zu vertrauen, kannst du effizienter handeln
und Entscheidungen treffen, die dir wirklich dienen.
Es sind Entscheidungen, die du später nicht bereuen wirst.
Intuition ist die weise Eingebung aus der
göttlichen Quelle in dir. Sie ist der Schlüssel
zu einem tieferen Verständnis deines Menschseins.
Sie weist dir immer wieder den Weg
deiner Berufung und deines Seelenplans.*

Intuition und Herzintelligenz

Je mehr du dich deiner Intuition, der Stimme deiner göttlichen Seele öffnest, umso tiefer verbindet sich in dir Weisheit und Liebe zu einer lebendigen und tatkräftigen Herzintelligenz. In der neuen Zeit wird all unser Denken, Fühlen und Handeln von dieser Herzintelligenz geleitet sein. Wir fühlen aus der Weisheit des Herzens, welche Informationen, die wir im Außen aufnehmen, für uns stimmig sind, welchen Weg wir gehen wollen, wo sich unsere Freude und Kreativität entfalten kann. Die Herzintelligenz zeigt uns auch klar, was wir nicht mehr wollen und wir können uns entscheiden, das Unstimmige nicht mehr in unser Leben einzulassen.

Schöpfungsintelligenz

Bei allen Tieren und Pflanzen wirkt ebenfalls eine höhere Intelligenz. Tiere können erstaunliche Dinge vollbringen, die bei uns Menschen viel Überlegung und Planung erfordern würden. Schauen wir nur, wie zum Beispiel Vögel ihre Nester bauen, Biber ihre Burgen konstruieren, Zugvögel ihren Weg finden und Spinnen ihr Netz weben. Wenn das Netz beschädigt wird, kommt die Spinne und beginnt sogleich mit den Reparaturarbeiten, ohne dass sie zuerst den Schaden untersuchen muss. Auch Tiere haben eine innere Führung!

Dieselbe Intelligenz, die jede Pflanze und jedes Tier lenkt, wirkt auch in jeder Zelle. Wenn eine Eizelle befruchtet wurde, beginnt sich diese Zelle zu teilen. In jeder Zelle befindet sich die identische Zellinformation, doch die Zellen verhalten sich nicht identisch. Jede Zelle weiß, was sie zu tun hat. Die einen fügen sich zu Knochen zusammen, die anderen zu Muskeln und zu sonstigem Gewebe. So entsteht ein ganzer Körper mit vielen Teilen, die unterschiedlichste Funktionen erfüllen. Die Zellen werden also nicht allein durch die Zellinformation gesteuert.

Interessant ist, dass bei der embryonalen Entwicklung des Menschen das Herz vor dem Gehirn entsteht.

Das Herz hat von Anfang an bereits die strukturelle Form wie am Schluss der Entwicklung, während das Gehirn über Vorstufen herausgebildet wird. Wenn das Herz anfängt zu schlagen, bevor die Gehirnfunktionen einsetzen, welche Kraft bringt dann das Herz zum Schlagen und gibt uns das Leben? Das ist die universelle Kraft, mit der wir über unsere innere Quelle verbunden sind. Dieser Quelle entspringt eine Kraft, die immer in uns fließt und uns nährt.

Synchronizität

Über unsere Verbindung mit der Quelle sind wir mit allem verbunden, was ist und war und jemals sein wird. Die Schöpfungsintelligenz ist größer als alles, was der Verstand zu erfassen vermag. Weil wir alle über dieselbe Quelle miteinander verbunden sind, geschehen immer wieder Fügungen, über die wir nur staunen können. Das Wort, das hier verwendet wird, ist *Synchronizität*. Gemeint ist das gleichzeitige Geschehen von Dingen, für die es keine verstandesmäßige Erklärung gibt. Du gehst in die Stadt und triffst jemanden, den du kennst und vielleicht schon lange nicht mehr gesehen hast. Auch mit Verabredung und Handykontakt hättet ihr euch nicht so direkt und mühelos getroffen.

Jede Bekanntschaft und jede Beziehung begann mit einer Synchronizität, denn die erste Begegnung war eine Fügung, die von keinem der Beteiligten geplant war. Selbst wenn du auf eine Website für Partnerschaftssuche gehst, um eine neue Beziehung zu beginnen, hast du keinerlei Einfluss darauf, wer zur selben Zeit ebenfalls auf dieser Website präsent ist. Das alles sind schicksalhafte Fügungen, die so oft als Zufall bezeichnet werden. Aber nichts ist einfach Zufall, von Begegnungen mit anderen Menschen bis hin zum Schmetterling, der auf deinem Arm landet. Alles hat Bedeutung, weil durch alles die Unendlichkeit der Schöpfungsintelligenz zum Ausdruck kommt.

Du darfst also vertrauen: Du musst Antworten nicht suchen, sie kommen zu dir, und zwar dann, wenn du bereit bist. Du brauchst nichts zu erzwingen und darfst einfach im Fluss sein. Mit Geduld und Vertrauen bekommst du Lösungen, Zeichen und Ideen, die du nicht bekommst, wenn du grübelst und dir den Kopf zerbrichst – welch eine interessante Redewendung: sich den Kopf zerbrechen! Wir wissen aus der Geschichte, dass viele große Erfindungen durch plötzliche Ideen entstanden. Diese Ideen waren nicht Zufälle, sondern Einfälle und Eingebungen. So viele gescheite Menschen studierten und forschten, aber die entscheidende Idee kam plötzlich, und zwar meistens dann, als die betreffende Person aufhörte, mit dem Verstand über dem Problem zu brüten. Das Kreisen in Gedanken ist oft sehr beschränkend und blendet die höheren Zusammenhänge aus.

*Alles wird von der Quelle getragen und geführt.
Dieselbe Quelle, die alle Schöpfung lenkt,
ist auch in dir!
Stimme dich darauf ein, diese innere Führung
wahrzunehmen und ihr zu vertrauen.
Dadurch stärkst du dein Selbstvertrauen und
dein Vertrauen in das Leben und
findest immer mehr ein Gefühl des Gehalten-Seins.
Du kannst wahrnehmen, dass du einzigartig bist und
dass dein Leben einen göttlichen Sinn hat.*

Erinnere dich an dein ursprüngliches Wesen, deine Herzintelligenz und an das Licht in dir. Dein Verstand orientiert sich meistens an dem, was du bisher in deinem Leben erfahren hast. Und der Verstand ist nicht wirklich in der Lage, dich und dein Wesen in seiner Ganzheit zu erfassen!

Wenn du die Weisheit deines Herzens und den Verstand zusammenführst, dann nährt die Energie deines Herzens deine Gedanken, Handlungen und dein Auftreten. Du kommst in die Kraft deines Selbstbewusstseins, du bist ganz bei dir und damit auch ganz verbunden mit der Quelle. Mit praktischen Übungen kannst du den Zugang zu deiner Intuition freihalten und immer bewusster mit ihr in Beziehung treten.

Übung 1
Stärkung des Energiefeldes

Das göttliche Bewusstsein ist die Kraft, die unsere Existenz beseelt: unseren Körper, unsere Gedanken, unsere Emotionen. Dieses Bewusstsein ist in uns und um uns herum.

Bei der folgenden Übung stellen wir uns eine Lichtkugel vor, die das göttliche Bewusstsein und die Lebenskraft aus der unendlichen Quelle enthält, und lassen diese durch unseren Körper kreisen. Wir gehen in Kontakt mit unserem physischen Körper und spüren, wie sich das göttliche Bewusstsein in uns ausbreitet.

Durch diese Übung stärken wir das innere und das äußere Energiefeld. Wir erlauben uns, kreativ zu sein, und helfen unserem Ego zu lernen, in Harmonie mit der Quelle zu leben und diesem inneren und äußeren Gleichgewicht zu dienen. Dann sind auch die Gedanken keine Störung mehr, und wir können immer mehr die Stimme der Quelle in uns, die Intuition, hören und als solche erkennen. Setze dich für diese Übung bequem hin und entspanne deinen Körper. Atme mehrere Male tief ein und aus. Stelle dir eine Lichtkugel vor, die von deinem Herzen ausgeht. Das Herz ist das Zentrum dieser Lichtkugel. Du spürst, wie das Herz die Quelle dieses Lichts ist. Lass die Lichtkugel kreisen. Du spürst, wie das Licht deinen ganzen Brustraum erfüllt. Die Lichtkugel hat die Größe eines Balles.

Nun bewegst du die Lichtkugel langsam zum Bauch. Das Licht erfüllt den ganzen Unterleib. Dann bewegst du die Lichtkugel das linke Bein hinunter bis zu den Zehenspitzen und wieder hinauf. Jetzt bewegst du die Lichtkugel das rechte Bein hinunter bis zu den Zehenspitzen und wieder hinauf. Die Lichtkugel geht wieder in den Unterleib und dann langsam in den Oberkörper und erfüllt den ganzen Brustraum mit Lichtenergie. Lass sie nun den linken Arm hinunter bis in die Finger gleiten und von dort wieder zurück ... und dann den rechten Arm hinunter bis in die Finger und wieder zurück. Dann führst du die Lichtkugel den Hals hinauf und langsam in den Kopf. Du spürst, wie dein Kopf in Licht erstrahlt und von Licht durchflutet wird. Du kannst die Lichtkugel drehen oder stillstehen lassen. Bewege sie dann langsam wieder nach unten, durch den Hals und den Brustraum zurück in dein schönes Herz.

Wenn es sich für dich richtig anfühlt, kannst du diese Übung dreimal wiederholen.

Übung 2
Verbindung von Kopf und Herz

Übung 2 beginnt wie Übung 1. Aus deinem Herzen erstrahlt eine Lichtkugel. Das Herz ist das Zentrum dieser Lichtkugel. Du spürst, wie das Licht deinen ganzen Brustraum erfüllt.

Nun verdoppelt sich diese Lichtkugel, ähnlich wie eine Zelle, die sich teilt. Die zweite Lichtkugel bewegst du senkrecht nach oben in den Kopf. Du spürst den physischen Unterschied von Kopf und Herz. Der Kopf ist von seiner Struktur her hart und begrenzt, das Herz ist weich und fließend. Du spürst das Pulsieren des Herzens und die Energiezirkulation im Körper. Ebenso spürst du die Zentriertheit des Kopfes und das Licht in deinem dritten Auge.

Nun siehst du, wie Kopf und Herz durch einen Energiefluss in der Form einer 8 verbunden sind. Kopf und Herz kommen in Einklang und bilden eine lebendige Einheit. Du atmest bewusst ein und aus und bist im Fluss dieser 8. Mit dem Atem spürst du die innere Stille. Und die spürst, dass die Grenzen des Kopfes sich erweitern. Du siehst das Innere der Schädeldecke wie ein Firmament. Du bist ein Teil des Kosmos und ein Zentrum der Unendlichkeit. Aus der Verwurzelung in deinem Herzen erkennst du deine zentrale Stellung mitten im Kosmos, und im Zentrum deines Herzens ist die Verbindung zur göttlichen Quelle, die allgegenwärtig ist. Du empfindest Ruhe und Stille sowie Dynamik und fließende Energie, beides als Aspekte der 8. Die 8 verbindet Kopf und Herz in schöpferischer Harmonie.

Du atmest immer bewusst ein und aus. In diesem inneren Weltall bist du offen und empfänglich für die Stimme aus der Quelle, die Intuition. Halte diesen mystischen Raum aufrecht, so lange wie es für dich stimmig ist.

Dann bringe die Übung langsam zu einem Ende, indem du wieder bewusst deinen Körper wahrnimmst. Führe beide Lichtkugeln wieder im Herzen zusammen, wohl wissend, dass Kopf und Herz weiterhin verbunden sind. Fühle diese innere Harmonie und Kraft, und mit diesem Bewusstsein kommst du wieder ganz in das Hier und Jetzt.

Übung 3
Durch den Herzton die Zellen stärken

Atme tief ein und aus und spüre die innere Verbundenheit von Herz und Kopf. Stelle dir vor, wie ein Energiefluss in Form einer Acht Herz und Kopf verbindet. Folge mit deiner Wahrnehmung dem Energiefluss und lass dir Zeit. Die Energie fließt langsam und ist vom Licht des Herzens erfüllt. Wenn du beim Herz bist, lasse ein «A» erklingen, und wenn du beim Kopf bist, lasse ein «O» erklingen. Singe diese Töne kraftvoll und deutlich. Spüre die Resonanz zwischen deinen Zellen und dem Klang deiner Stimme. Fühle, was der Klang in deinem Herzen auslöst.

Der Klang deiner Stimme hilft den Zellen, das zu verkörpern, was sie bisher durch die inneren Reisen erfahren haben. Deine Stimme ist der natürlichste und heilsamste Klang für deine Zellen. Wenn deine Stimme von einem lichtvollen Bewusstsein getragen wird, ist sie wie ein Code, der die Schwingung der Zellen erhöht. Durch diese Herztöne wird dein Körper für die feineren Energien sensibilisiert, die durch dein erweitertes Bewusstsein einströmen. Auch die Wahrnehmung der Intuition wird verfeinert, und du wirst sicherer in der Wahrnehmung deiner Körperintelligenz, des «Bauchgefühls».

Wiederhole diese Übung mit dem A und O dreimal hintereinander oder auch noch einige Male mehr, bis du spürst, dass du genug Energie aufgenommen hast. Du hörst die Klänge der von dir gesungenen Vokale nicht so sehr mit deinen Ohren, sondern mit dem ganzen Körper. Deine Zellen haben eine eigene Schwingung, und deine Stimme ist auf die Schwingung deiner Zellen abgestimmt. Freue dich, deine Stimme erklingen zu lassen, und spüre, wie auch deine Zellen sich freuen und diesen Klang aufnehmen. Wenn du die Übung beendest, lasse die Stille nachklingen. Atme mehrere Male tief ein und aus und kehre gestärkt in deinen Alltag zurück, oder lege dich in einer harmonischen Stimmung schlafen, wenn du die Übung als Abschluss des Tages ausführst.

Meditation
Öffne dich durch Gedankenstille für die Intuition

Setze oder lege dich bequem hin und entspanne deinen Körper. Atme tief ein und aus und beobachte deinen Atem. Lasse alles andere los und tauche ganz ein in deinen Atem. Lasse dich vom Rhythmus deines Atems tragen. Während die Vielfalt der Gedanken wie ein Nebel im Hintergrund schwebt, ist deine Aufmerksamkeit bei deinem Atem. Lasse die Vielfalt der Gedanken auf einen Punkt zusammenschmelzen, und atme diesen Punkt immer wieder von Neuem aus. Du atmest ein und aus und beobachtest diesen Rhythmus. Werde ganz eins mit deinem Atem, und dann lasse ihn einfach geschehen.

Stell dir jetzt vor, dass du auf einer schönen Sommerwiese liegst. Du liegst auf dem Rücken und siehst die Wolken, wie sie langsam am Himmel dahinziehen. Über den Wolken ist die Unendlichkeit des blauen Himmels. Du siehst die Wolken, aber deine Wahrnehmung ruht im Himmel. Die Gedanken sind wie Wolken am Himmel deines unendlichen Bewusstseins. Lass die Gedanken ziehen wie die Wolken. Wenn dich ein belastender Gedanke begleitet, so lege ihn in eine Wolke am Himmel. Betrachte diese Wolke aus der Ferne, mit dem Rücken auf dem Boden und in fester Berührung mit der Erde. Betrachte den Inhalt dieses Gedankens wie auf einer Leinwand. Die Wolken kommen und gehen. Betrachte die Wolke, die deinen belastenden Gedanken trägt, aber dein Hauptfokus ist der Himmel.

Der Himmel an sich ist wolkenfrei. Ebenso ist dein Bewusstsein im reinen Zustand gedankenfrei. Der Himmel spiegelt dir die Gedankenstille. Lasse dich auf diese Stille ein. Sie ist unendlich wie der Himmel, und du bist Teil desselben Kosmos wie dieser Himmel. Spüre die große Einheit, von der du ein Teil bist. Spüre, wie du offen wirst für deine Intuition. Du bist auf Empfang eingestellt. Deine Leitung ist frei, und du bist erreichbar. Du ruhst in dir, ohne Druck, ohne Erwartungen. Du bist offen für die leisen Töne, Bilder, Zeichen oder Worte, die sich dir zeigen möchten. Nichts muss sich zeigen, alles darf sich zeigen.

Du schaust weiter durch die Wolken hindurch in die Unendlichkeit des blauen Himmels. Wenn du möchtest, kannst du nun eine Frage, eine Situation, eine Aufgabe oder ein Thema in deinem Bewusstsein aufscheinen lassen. Lass es konkret erscheinen und schaue, welche Bilder und Gefühle damit verbunden sind. Bewerte nicht, beobachte einfach. Lass alles erscheinen wie Wolken am Himmel, lass es kommen und gehen, bis sich diese Eindrücke beruhigen. Wenn die Verstandes- und Ego-Strukturen sich zurückziehen, öffnet sich eine neue Wahrnehmung. Du kommst in den Bereich der Intuition und Inspiration. Dein Bewusstsein erhebt sich in den Himmel, während du weiterhin gut geerdet am Boden liegst. Stelle in dieser Freiheit die Fragen, die jetzt noch wichtig sind, und dann lasse sie stehen, so wie du den Himmel stehen lässt. Die Antwort wird aus sich selbst heraus entstehen, vielleicht sofort, vielleicht später. Erlaube dir, dich überraschen zu lassen.

Der Himmel bleibt bestehen, auch wenn du wieder aufstehst und diese Meditation abschließt. Atme tief ein und aus, und erhebe dich von der Sommerwiese. Du spürst den Boden unter deinen Füßen und den Himmel über dir. Du verbindest Himmel und Erde, und so können Wunder geschehen. Du hast bewusst wahrgenommen, dass dein Leben viel weiter reicht als die Grenzen deines Denkens.

Solange das Denken die Wahrnehmung vorgibt, bewegt sich unser Leben nur innerhalb dieses Rahmens. Aber das wirkliche Leben findet außerhalb dieses Rahmens statt, so wie der Himmel weit über alle Wolken hinausgeht. Die Wolken können den Himmel nicht erfassen, und so kann auch das verstandesmäßige Denken die Geheimnisse des Lebens nicht ergründen. Jetzt, wo du den Himmel gesehen hast, kannst du unterscheiden, was Wolken sind und was der Himmel ist. Du weißt auch, was die Sterne sind, und die Sterne geben dir Orientierung. Ebenso kann die verstandesmäßige Wahrnehmung der Intuition Struktur geben. Sie begrenzt die Intuition nicht, sie dient ihr, denn was die Intuition sagt, ergibt immer Sinn, selbst wenn dieser Sinn sich erst später zeigt.

In deinem inneren Bild hast du dich erhoben und gehst langsam über die Sommerwiese nach Hause. Lege dir nun physisch eine Hand auf dein Herz, die andere auf deine Stirn. Atme tief ein und aus. Fühle den Energiestrom in deinem Körper und öffne die Augen. Betrachte den Ort, wo du bist. Orientiere dich in Raum und Zeit. Erhebe dich und bewege dich. Erinnere dich an den Himmel, an die Wolken und an die Sommerwiese, die alle Teil desselben Kosmos sind, so wie du.

Schlüssel 3

Die Kraft der Gedanken ist der Schlüssel in dein Potenzial

Gedanken können belasten oder beflügeln, trennen oder verbinden, fließen oder sich im Kreis drehen. Gedanken kommen und gehen. Wir können sie nicht abschalten, aber wir können bestimmen, für welche Gedanken wir uns öffnen. Von der Außenwelt dringen ständig Impulse auf uns ein, die in uns bestimmte Gedanken auslösen. Gerade die Werbung arbeitet mit diesem Prinzip. Plötzlich denken wir an Dinge, die wir vorher nicht einmal kannten, und wenn wir an etwas denken, schenken wir diesem Ding oder dieser Person Aufmerksamkeit. Die Gedanken sind Ströme von Bewusstseinsenergie, und mit dieser Energie aktivieren wir innere Bilder. Täglich werden über die Massenmedien zahllose Bilder verbreitet, aber diese Bilder werden erst dann zu Bildern, wenn wir sie betrachten. Ein Bild in einer Zeitung ist nichts anderes als eine Kombination von Farben. In unserem Bewusstsein werden sie jedoch zu Bildern und vermitteln ganz bestimmte Informationen und Emotionen. Wir können nicht verhindern, dass solche Einflüsse von außen auf uns eindringen, aber wir können entscheiden, wie viel Aufmerksamkeit wir ihnen schenken und wie wir mit diesen Gedanken und Emotionen umgehen. Die wichtige Frage ist: Worauf richten wir unser Bewusstsein und welche Gedanken lassen wir in uns zu … und welche nicht?

Die Gedanken sind wie ein Film und wir sind die Zuschauer

Gedanken sind unser Kopfkino. Ständig läuft irgendein Film, auch während des Schlafs und sogar dann, wenn wir uns hinterher an nichts mehr erinnern können. Stell dir vor, du bist in einem Kino und identifizierst dich völlig mit dem Film. Dann bist du mit deinem Bewusstsein direkt auf der Leinwand, und was immer dort projiziert wird, ist deine Realität. Wenn es ein tragischer Film ist und die Schauspieler weinen, weinst auch du. Wenn auf der Leinwand jemand erschrickt und schreit, zuckst auch du zusammen und schreist. Im Kino kommt das eher selten vor, aber bei den Gedanken sehr oft. Denn beim Film, der in deinen Gedanken abläuft, bist du die Hauptperson. Es dreht sich alles direkt oder indirekt um dich. Wie stark identifizierst du dich mit deinen Gedanken und Emotionen? Wie fühlst du dich, wenn negative Gedanken oder Emotionen bei dir ankommen oder in dir hochkommen? Wie viel Macht haben solche Gedanken und Emotionen über dich?

Wenn du dich mit deinen Gedanken identifizierst, bist du «im falschen Film», und du klebst mit deinem Bewusstsein direkt auf der Leinwand. Wie wäre es, wenn du einen Schritt zurücktrittst und deinen Film von außen anschaust? Betrachte und beobachte, was du siehst. Du schaust dir selbst beim Denken zu. Das ist eine neue und ungewohnte Perspektive: Schau dir beim Denken zu! Sobald du zwischen dir und der «Leinwand» Distanz gewinnst, spürst du, dass die Gedanken an Macht verlieren, und du kannst beginnen, sie zu steuern. Die Gedanken diktieren nicht mehr, wie du dich fühlst und woran du denkst. Das gibt dir die Möglichkeit, dich selbst besser kennenzulernen.

Distanz zu den Gedanken schafft inneren Freiraum

Wenn du dein Bewusstsein von der Leinwand zurückziehen kannst und erkennst, dass du dich nicht mit dem Film zu identifizieren brauchst, bekommst du aus dieser erweiterten Perspektive eine ganzheitliche Sicht über dich und dein Leben. Du siehst auf einmal größere Zusammenhänge und merkst, dass dir diese neuen Perspektiven neue Wege zeigen können. Das gibt dir einen erweiterten Handlungsspielraum und dein Körpersystem kann sich entspannen.

Du erkennst dann auch auf der Ebene der Emotionen, dass es sich bei all diesen Gedanken und Bildern um Projektionen handelt, und dass du viel mehr bist als die Person auf der Leinwand. Du lernst, dir selbst zuzuschauen, und musst nicht bei jedem Gedanken und bei jeder Emotion sofort reagieren. Durch diese Distanz entsteht ein Freiraum, und aus dem heraus wirst du empfänglich für dein wahres Wesen und für die Botschaften der Intuition. Wie in Schlüssel 2 erklärt, ist die Intuition die Stimme der Quelle in dir, und die Energie dieser Quelle kommt aus der göttlichen Quelle. Diese Quelle ist allgegenwärtig. Sie trennt sich nie von dir. Das, was dich trennt, sind Gedanken, die nicht aus der Quelle kommen, sondern aus abgetrennten Bereichen.

Negative Gedanken in lichtvolle Gedanken verwandeln

Was sich von der Quelle trennt, vertrocknet. Was sich vom Licht trennt, wird dunkel. Erkenne, wo du solche dunklen und vertrockneten Bereiche in dir selbst hast. Erkenne aber auch, wo solche Bereiche außerhalb von dir sind und welche Einflüsse von dort auf dich einwirken.

Wenn ungute Gefühle und Gedanken auf deiner Leinwand erscheinen, ist es wichtig zu erkennen, dass hier etwas wirkt, das nicht von dir kommt. Denn negative und dunkle Gedanken gehören zu abgespaltenen Bereichen, und diesen Stimmen in uns und im Außen können wir nicht vertrauen, weil sie immer aus einer Einseitigkeit und Schmerzstruktur heraus argumentieren. Diese

Einflüsse sind nicht gleichwertig wie Gedanken, die aus der Quelle und der Ganzheit kommen. Deine ursprüngliche Existenz ist Licht und Liebe. Alles, was nicht lichtvoll ist, kommt nicht von dir als dem Lichtwesen, das du bist, sondern aus anderen Ebenen. Und diesen Ebenen solltest du keine Energie geben, selbst wenn diese Einflüsse in Form von Gedanken in deinem Kopf herumsurren.

In der Projektion können Gedanken und Emotionen verzerrt und dunkel werden, aber im Kern ist immer das Licht. Woher auch immer die energieraubenden Gedanken kommen, es gibt immer einen Weg, aus diesen Mustern herauszukommen. Denn die göttliche Quelle ist allgegenwärtig und trennt sich nie von uns!

Wenn Bilder aus abgetrennten Bereichen auf der Leinwand oder dem Bildschirm deiner Gedanken erscheinen, nützt es nichts, mit diesen Bildern zu kämpfen oder auf den Bildschirm einzuschlagen. Du kannst jedoch den Film wechseln oder auf einen anderen Kanal umschalten, dann kommen andere Bilder und andere Inhalte. Das bedeutet für dich, dass du nicht einfach ohnmächtig alle Arten von Einflüssen annehmen musst, sondern selbstbestimmt den Kanal oder die Frequenz wählen kannst. Du hast die Möglichkeit, deine Energien selbst zu regulieren. Erinnere dich an die Übung mit der Kraft des Feuers im Schlüssel 1. Du kannst die Energien über diese Einstellung intensivieren oder abschwächen, so wie du bei einem Radio die Lautstärke verändern kannst. Statt dich energetisch ablenken oder übertönen zu lassen, kannst du die Energien selbstständig einstellen und auf eine Weise regulieren, wie es dir guttut. Du kannst die Kanäle wechseln und dadurch entscheiden, was du empfängst. Gleichzeitig kannst du auch alle diese Projektionen durchschauen und aus ihnen aussteigen! Wer bist du, wenn du nicht mehr Kopfkino guckst? Wer bist du jenseits aller Gedanken?

Diese Fragen sind der Schlüssel von der «Ohnmacht» zur Vollmacht. Damit ist nicht eine weltliche Macht gemeint, sondern eine Vollmacht, die über Ermächtigung kommt.

*Ermächtigung geschieht wie von selbst,
wenn du dich bewusst mit der Quelle verbindest.*

Dann strahlst du aus dir selbst heraus, weil die Quelle (Gott) durch dich strahlt. Das ist dein ursprünglichstes und wichtigstes Potenzial.

Alte Gedanken loslassen und neue Gedanken zulassen

Das Wechseln des Kanals bedeutet, alte Gedanken loslassen und neue Gedanken zulassen. Alte Gedanken können tief im Unterbewusstsein festgesetzt sein, und wir können uns vom Intellekt her sagen, wir hätten sie losgelassen. Aber das Loslassen ist keine intellektuelle Selbstüberzeugung, sondern letztlich ein Geschenk und eine Befreiung, genauso wie wenn Licht Dunkelheit auflöst.

Abgetrennte Gedanken kreisen immer in den Bereichen des Zuwenig und Zuviel. Das sind Gedanken wie: «Ich bin zu wenig gut», «Ich genüge nicht», «Ich schaffe das nicht», «Ich bin nicht würdig, geliebt zu werden», «Ich bin allein». Auf der anderen Seite sind dies Gedanken wie: «Ich mache alles richtig», «Schuld sind immer die anderen», «Ich habe für alles eine Rechtfertigung», «Ich hole mir, was ich will», «Ich darf über andere herrschen.»

Wir könnten diese Fragen global stellen, aber hier geht es um unser eigenes Denken. Bin ich wirklich bereit, meine negativen Gedanken über mich und andere Menschen loszulassen? Es geht nicht darum, diese Gedanken zu bekämpfen, sondern darum, neue Gedanken zu formen und sie immer mehr als Realität in das tägliche Leben zu integrieren.

Wie findest du die Kraft, neue Gedanken aufzunehmen und die alten Denkmuster loszulassen? Du findest die Kraft in deinem Herzen. Das Herz ist das Tor zur Barmherzigkeit. Denn im Herzen spürst und erkennst du, dass du immer mit der göttlichen Quelle verbunden bist. Sie ist immer für dich da und schenkt dir Kraft und Mut, deine innere Einstellung zu verändern.

Wisse also, dass du jederzeit die Möglichkeit hast,
deine innere Ausrichtung zu wählen,
und dass du dabei immer auch innere Hilfe bekommst.

Gerade wenn negative Gedanken und Bilder von dir Besitz nehmen, ist es wichtig, die geistige Welt um Hilfe zu bitten. Sie hört dich und wird dich von innen her inspirieren und aufrichten, oder sie sendet dir von außen Menschen, die in dir wieder den Glauben und das Licht stärken.

Diese Stärkung kann über Meditation und Einkehr geschehen, aber oft ist gerade das Gegenteil notwendig. Du gehst unter Menschen und bekommst dank dieser Gemeinschaft eine innere und auch äußere Distanz zur gewohnten Situation mit all den Gedanken, die dort daran hängen. Innere Distanz bedeutet Gelassenheit und damit kommt auch Platz für Humor. Lachen ist eines der besten Wundermittel! Humor ist Heilung. Wie wir manchmal sagen: «Irgendwann werden wir darüber lachen können ...» Das Irgendwann muss nicht in ferner Zukunft sein. Das Irgendwann kann auch *jetzt* sein! Das Lachen, das hier gemeint ist, ist ein Ausdruck von Weisheit und Gelassenheit, letztlich ein stilles Lachen über die Illusion der Menschen, die glauben, Getrenntheit sei Realität. Und so können wir auch über uns selbst lachen, weil wir uns selbst lieben und uns selbst verzeihen. Wenn wir etwas getan haben, das anderen oder uns selbst geschadet hat, dann gestehen wir uns gegenüber ein, dass dies falsch oder vielleicht sogar böse war, und wir bereuen und bemühen uns, es wiedergutzumachen. Aber auch hier ist das stille Lachen der Weisheit die endgültige Auflösung, denn wir können auch vor Staunen lachen. Und nichts ist erstaunlicher als die Liebe und Barmherzigkeit Gottes.

Betrachte also auch deine eigenen Schattenanteile mit Liebe und erkenne: Diese abgespaltenen Räume in dir sind ein Schlüssel zur Selbstheilung.

Jeder Schatten ist eine potenzielle Stärke.

Eifersucht ist der Schatten von Wertschätzung. Gleichgültigkeit ist der Schatten von Gelassenheit. Gemeinheit ist der Schatten von Barmherzigkeit. Selbstsucht ist der Schatten von Großzügigkeit. Angst ist der Schatten von Vertrauen. Jedes Symptom eines Zuviel oder Zuwenig erinnert dich an die ursprüngliche Eigenschaft, die in Harmonie und Resonanz mit der göttlichen Quelle ist.

Wenn du deine Schattenaspekte und deine inneren vergessenen Räume wieder zurück ins Licht führst, ist dies der Schlüssel zu deiner eigenen Heilung und Ganzwerdung. Stell dir vor, welche Potenziale dadurch in dir freigesetzt werden! Und diese Selbstheilung wirkt auch auf die ganze Welt.

Übung 1
Störende und belastende Gedanken in neutrale Bilder umwandeln

In dieser Übung geht es darum, störende und belastende Gedanken auf eine einfache Art und Weise umzuwandeln. Wir versuchen nicht, sie wegzudrücken oder auszulöschen, denn das wäre ein Bekämpfen, was zu keiner wirklichen Lösung führt, weil wir dann den störenden und belastenden Gedanken Energie geben würden. Eine Möglichkeit ist, negative Gedanken durch positive Gedanken zu ersetzen, zum Beispiel durch Affirmationen des positiven Denkens. Das ist ein aktiver, männlicher Weg. Hier in Übung 1 lassen wir uns jedoch auf einen weiblichen Weg ein, der scheinbar passiv ist. Wir lassen die Gedanken zu und wandeln sie in bewegte Bilder um, die neutral sind und keine negativen Assoziationen auslösen.

Stelle dir vor, dass deine Gedanken wie Schneeflocken sind, und schaue zu, wie diese Schneeflocken sanft zu Boden fallen. Du kannst dir auch vorstellen, dass jeder Gedanke eine Blume ist, und du siehst die gesamte Blumenwiese, nicht mehr die einzelnen Blumen. Oder stelle dir einen Baum mit einer großen Blätterkrone vor. Jedes Blatt ist ein Gedanke, und Gedanken sind an sich neutrale Energien. Über die Bilder des Baumes, der Blumenwiese oder der Schneeflocken bekommst du Distanz zu diesen Gedanken und kannst sie aus einer neutralen Position betrachten. Die negativen Gedanken sind dann vielleicht immer noch da, aber du kannst sie loslassen und hörst auf, sie mental zu analysieren und ständig zu wiederholen.

Die Bilder der Natur geben dir Kraft und innere Distanz. Sie sind wie frische Luft und eine beruhigende Sommerbrise. Deshalb haben wir in der Natur meistens viel weniger negative Gedanken, als wenn wir in unserem Kämmerchen sitzen und über den Gedanken brüten. Gehe deshalb so oft du kannst in die Natur, denn du kannst diese Übung auch ganz konkret auf einer Blumenwiese oder vor einem Baum oder im Schnee ausführen. Oder im Regen: Jeder Gedanke ist dann ein Regentropfen, und die Gedanken perlen ab wie die Regentropfen von deiner Regenjacke oder deinem Regenschirm.

Übung 2
Schattenanteile heilen und ins Licht integrieren

In dieser Übung gehen wir von dem inneren Bild aus, dass deine gesamte Existenz als Mensch wie ein Haus mit vielen Räumen ist. Das Haus hat viele Etagen und auch viele Kellerräume. In jedem dieser Räume sitzt ein Gefühl oder eine Geschichte oder ein unaufgelöster Gedanke. Wenn sich ein energetisches Gebilde deiner Existenz abspaltet, sperrt es sich in diesen Räumen ein oder bekommt eine Eigendynamik, die gegen uns arbeitet. Sei mutig und betrachte auch diese dunklen Bereiche in dir. Sie sind wie vergessene Kinder, in dieser Übung wendest du dich ihnen geduldig und liebevoll zu.

Du bist in einer ruhigen und entspannten Situation, und du hast Zeit. Dieser Zeitraum ist ein heiliger Raum, in dem du dich niederlässt und beschützt bist. Erinnere dich, dass du ein Lichtwesen in einem menschlichen Körper bist. Fühle das Licht und die fließende liebevolle Energie in dir. Du spürst, wie diese Energie in deinem Körper präsent ist, du fühlst dich stark und wach. In dir siehst du das Haus mit den vielen Räumen und Etagen. Wende dich der Etage des Hauses zu, die deinen Emotionalkörper repräsentiert. In diesem großen Bereich befinden sich viele Zimmer und Räume. Welche Emotionen machen sich bemerkbar? Fühle, wie ein Raum dich anzieht. Kannst du fühlen, wo im Körper diese Emotion sitzt?

Lass dir Zeit. Fühle und nimm diesen Raum wahr, wie er sich dir zeigt. Wenn du bereit bist, blicke in den Raum hinein und schau, in welcher Form diese Emotion lebt. Fühlt sie sich in diesem Raum gefangen oder ist der Raum ein Schutzraum? Oder beides? Sitzt sie wartend und sehnsüchtig? Oder erscheint sie ruhig und unauffällig? Warum hat sie sich dann gemeldet?

Wenn du bereit bist, kannst du als das Lichtwesen, das du bist, in diesen inneren Raum gehen und diesen Anteil von dir besuchen. Sei behutsam, denn du weißt nicht, wie lange dieser vergessene Bereich niemanden mehr gesehen hat, vielleicht seit deiner Kindheit oder vielleicht schon viel länger. Du weißt es nicht und es ist auch nicht wichtig. Wichtig ist, dass du mit diesem Schattenanteil in Beziehung trittst. Sei einfach präsent und beobachte, wie er sich verhält und wie er auf dich wirkt. Sag einfach, dass du da bist und dass ihr alle Zeit der Welt habt, miteinander in Beziehung zu treten. Du bist wie der Schutzengel dieses Schattenanteils. Du weißt, dass dieser Aspekt kein Mitleid braucht. Im Gegenteil, es ist ein sehr starkes Wesen, das seit Jahren in diesem Raum überlebt hat. Es braucht einfach deine Präsenz und deine Achtsamkeit, nicht mehr und nicht weniger.

Du kannst in diesen Räumen auch erkennen, was du in Beziehung mit anderen Menschen brauchst. Es ist wichtig, den Räumen in dir und denen der anderen Menschen mit Respekt zu begegnen, ohne diese Räume verändern zu wollen. Diese Räume müssen sich nicht auflösen oder verändern. Es geht nur darum, dass sie sich wieder dem Licht öffnen. Gib dir und den anderen Menschen die Zeit, die für dieses innere Wachstum erforderlich ist. So begegnest du dir selbst und den anderen mit wahrem Respekt, der Ausdruck von Liebe ist.

Wahre Liebe bedeutet, dass wir uns gegenseitig auch in diesen Räumen begegnen können und bereit sind, diese Räume zu öffnen, ohne dass wir uns schämen und verschließen oder das Gegenüber wegen dieser Räume verurteilen oder gar zurückweisen. Man kann mit vielen Menschen zusammen sein und Spaß haben, aber mit wem ist es möglich, auch in diese inneren Bereiche hineinzugehen?

Übung 3
Zentrierung mit dem Lichtstab

Es ist Zeit, das Schwert der Vergeltung niederzulegen und den Lichtstab in die Hand zu nehmen, als Symbol dafür, dass alle Dimensionen nebeneinander existieren dürfen, ohne Kampf, und dass wir Himmel und Erde verbinden. Wir sind die Lichtsäulen. «Ihr seid das Licht der Welt», wie Jesus sagte.

Im Gegensatz zu Übung 2 ist dies eine Übung, die du überall und auch sehr schnell durchführen kannst. Stelle dir einfach vor, dass du einen Lichtstab in beide Hände nimmst und ihn senkrecht vor dich hinhältst. Wenn du stehst, kannst du auch physisch in eine zentrierte und aufgerichtete Haltung gehen. Ansonsten stell dir diese Körperhaltung geistig vor. Du spürst, wie das Halten des Lichtstabs dich zentriert und dich in deine Kraft führt. Du nimmst auch deine Körperpräsenz als kraftvoll wahr. Du verbindest Himmel und Erde und verbindest dich über diese Zentrierung mit der göttlichen Quelle in deinem Herzen. «Dein Reich komme, Dein Wille geschehe, wie im Himmel so auch auf Erden.»

Mit dem Lichtstab vor dir in deiner Mitte spürst du die vertikale Verbindung und die horizontale Verankerung. Das ist auch das Symbol des gleichschenkligen Kreuzes, das wie Lichtstrahlen horizontal und vertikal aus dem Herzen hervorgeht. Nur wer geistig präsent und zentriert ist, kann das Herz öffnen. Wer in der Angst ist, zieht sich zurück oder greift an. Wann immer du geistig den Lichtstab hervorholst, und diese Haltung der Zentriertheit annimmst, fühlst du dich beschützt und gestärkt und über dein Herz verbunden mit dem Himmel und der Erde.

Meditation
Durchlichtung der eigenen Existenz

Bitte setze dich bequem hin und entspanne deinen Körper. Wenn du möchtest, kannst du dich auch hinlegen. Fühle, wie du sanft ein- und ausatmest. Atme sanft Frieden ein und alles Belastende und Schwere aus. Fühle deinen Körper, und fühle, wie immer mehr Frieden und Ruhe einkehrt und du beschützt und begleitet bist.

Führe nun deine Aufmerksamkeit zu deinem Herzen. Lege die linke Hand auf dein Herz. Fühle deinen Herzschlag. Atme sanft ein und aus. Fühle deine Dankbarkeit. Dankbarkeit für dein Sein. Atme diese Dankbarkeit in jede Zelle deines Körpers ein. Fühle, wie dein Körper und dein schönes Herz diese Dankbarkeit empfangen und dir mit Dankbarkeit antworten. Fühle, wie dein ganzes Herz sich mit Licht erfüllt und immer mehr aus sich heraus strahlt.

Vor deinem inneren Auge siehst du dein Herz als ein Haus mit Türen und Fenstern, durch die du in die lichtvollen Gärten der Lichtwelten schauen kannst. Diese Türen und Fenster sind die Verbindung zu den Lichtwelten in dir und um dich herum.

Manchmal wird diese Verbindung unterbrochen. In Momenten von Trauer, in Momenten der körperlichen, emotionalen und mentalen Erschöpfung, in Momenten einer gedanklichen Unruhe, in Momenten, in denen du dich energetisch überflutet fühlst, kannst du beobachten, wie die Rollläden fallen und dein innerer Raum, der sonst mit Licht erfüllt ist, sich verdunkelt.

In solchen Momenten ist es wichtig, dass du dich an das Licht und die Kraft in deinem Herzen erinnerst. Erinnere dich an das Licht in den Gärten um dein Seelenhaus. Das gibt dir die Kraft und den Mut, die Fenster und Türen in die Lichtwelten wieder zu öffnen. Rufe die Engel um Unterstützung an, damit sie für dich die Fenster öffnen, wenn du die Kraft dazu nicht hast. Jedes Fenster und jede Tür, die du öffnest, bringt dich näher zu dir selbst und erinnert dich an die schönen und kraftvollen Momente, und du kannst wieder sehen, wer du wirklich bist.

So öffne die Fenster des Lichts! Möge dieses Licht dich wieder erwärmen und alles transformieren, was nicht zu dir gehört. Möge dieses Licht dir den Weg zeigen, der in dein Herz führt und dich mit der universellen Schöpferkraft verbindet. Atme dieses Licht sanft ein und aus. Fühle die Geborgenheit, die dich ummantelt und wärmt.

Öffne das Fenster der Reinigung und Klarheit, damit sich deine Emotionen beruhigen und du wieder die Sicht der Herzintelligenz erlangst.

Öffne das Fenster der Lebendigkeit und Leichtigkeit, damit deine Gedanken durchlüftet werden und sich öffnen für die göttliche Inspiration und Kreativität.

Öffne das Fenster zur Mutter Erde und bedanke dich, dass sie dich trägt und ernährt und immer für dich da ist.

Öffne die Fenster des Muts und der Kraft. Spüre die innere Schöpferin und den inneren Schöpfer, wie sie in dir erwachen und immer mehr in einer harmonischen Beziehung in deinem Herzen zusammenfließen.

Öffne die Türen der Liebe und fühle diese universelle Kraft in dir und um dich. Die Liebe ist die Kraft, die dich mit der allgegenwärtigen Quelle verbindet.

Öffne das Fenster der Selbstliebe, damit du wieder erkennst, wie wundervoll du bist und wie sehr du geliebt wirst.

Öffne das Fenster der Dankbarkeit und der Schönheit und danke, dass du stark genug bist, die Türen und Fenster deines Herzens mit der Hilfe der geistigen Welt zu öffnen, wodurch du erkennen kannst, dass auch du ein geistiges Wesen bist, ein Lichtwesen in einem menschlichen Körper, verbunden mit der Erde und deiner geistigen Heimat.

Danke deiner inneren Weisheit und Führung, die dir zur Seite steht in dunklen wie in hellen Stunden.

Danke allen Menschen, die ihr Licht in dein Leben strahlen lassen und die auch dein Licht in ihr Leben strahlen lassen.

Atme diese Heilkraft tief ein und lasse mit dem Ausatmen alles los, was nicht mehr zu dir gehört. Fühle, wie dein Körper sich entspannt und deine Gedanken und Emotionen ruhiger und stiller werden. Atme sanft ein und sanft aus.

Beende die Meditation in deiner eigenen Geschwindigkeit. Nimm das Bild deines Herzens, das ganz von Licht erfüllt ist, mit in dein Wachbewusstsein.

 Einführung in die Meditation

Audio-Datei mp3, Dauer: 01:55 Minuten
Zum Anhören QR-Code scannen
oder folgenden Link im Browser eingeben:
www.licht-herz.media/nr-einfuehrung

 Meditation Durchlichtung der eigenen Existenz

Audio-Datei mp3, Dauer: 16:13 Minuten
Zum Anhören QR-Code scannen
oder folgenden Link im Browser eingeben:
www.licht-herz.media/nr-durchlichtung

Schlüssel 4

Hochsensitivität ist der Schlüssel zu deiner inneren Stärke

Von Natur aus sind alle Menschen – als geistige Wesen – hochsensitiv. In der Lichtwelt, aus der wir kommen, sind wir in Liebe verbunden. Alle sehen sich als Teil der großen Ganzheit und nehmen die anderen genauso bewusst wahr wie sich selbst. Es gibt keine Trennung im Sinn von Spaltung, Störung und Ungleichgewicht. Ebenso können auch wir als Menschen wahrnehmen, dass wir nicht getrennt sind. Wir sind verbunden mit der Erde und allen Lebewesen und auch mit den Wesen der höheren Welten, denn diese Welten sind nicht getrennt von der irdischen Welt. Wer auf diese Weise einfühlsam und empathisch ist, ist hochsensitiv.

*Dieses Bewusstsein des Eins- und Verbundenseins
ist der Schlüssel zu deiner inneren Stärke,
denn hier spürst du, dass du Teil des
großen Ganzen bist und dass
du immer von der geistigen Welt getragen wirst.*

Hochsensitiv ist in Wirklichkeit «normal sensitiv», denn vom inneren Kern her ist jeder Mensch hochsensitiv. Heute jedoch werden mit diesem spezifischen Begriff Menschen bezeichnet, die von ihrer Wahrnehmung und Sensitivität her «verhaltensauffällig» sind. Die Schulpsychologie beschreibt solche Kinder und Erwachsene oftmals mit Erscheinungsbildern wie ADS, ADHS, Hyperaktivität und dem «hyperkinetischen Syndrom». In der Esoterik wird von Indigokindern, Kristallkindern, Regenbogenkindern und «Kindern des Lichts» gesprochen. Es handelt sich um Menschen, die nicht ins gängige Bild der heutigen Leistungsgesellschaft passen und andere Formen des zwischenmenschlichen Umgangs und der Sinngebung im Leben fordern.

Kommt eine Hochsensitivität als konkrete Wahrnehmungsbegabung hinzu, verfügen solche Menschen über die Begabung der multidimensionalen Wahrnehmung. Sie verblüffen mit besonders kreativen Ideen und besitzen eine ausgeprägte intuitive Fein- und Hellfühligkeit. Aufgrund des vielschichtigen Informationsstroms, dem sie sich ausgesetzt sehen, sind sie «dünnhäutig», transparent und nehmen alles viel intensiver wahr. Das ist auch der Grund, warum nicht wenige von ihnen mit Reizüberflutungen, Beziehungskonflikten und Rückzugstendenzen zu kämpfen haben. Sich mit diesen Themen zu befassen ist für Hochsensitive und ihr Umfeld gleichermaßen wertvoll und manchmal sogar notwendig, vor allem wenn es sich um Eltern solcher Kinder handelt.

Hochsensitivität und Medialität

Das Thema der Hochsensitivität und Wahrnehmungsbegabung berührt mich besonders, weil es mich selbst betrifft. Ich beschreibe dieses Phänomen jedoch nicht aus einer psychologischen, sondern aus einer spirituellen und auch praktischen Sicht.

Als Erstes möchte ich erwähnen, dass hochsensitiv und hochsensibel nicht dasselbe ist. Hochsensible Menschen sind sehr feinfühlig und empfindsam, sie reagieren oft sehr intensiv auf der Gefühlsebene. Hochsensitivität ist eine geistige Begabung, die in unserer Gesellschaft jedoch oftmals nicht als solche erkannt wird.

Hochsensitiv bedeutet auch nicht unbedingt medial. Nicht alle, die medial veranlagt sind, sind auch hochsensitiv. Mediale Menschen haben die Fähigkeit, andere Wesen durch sich sprechen zu lassen und Kanal für höhere Intelligenzen zu sein, was «Channeling» genannt wird. Wir als hochsensitive Menschen nehmen höhere Intelligenzen nicht getrennt von uns wahr, sondern als Teil von uns selbst, weil wir in einem Wir-Bewusstsein sind und uns nicht getrennt vom Kosmos sehen. Um es etwas provokativ zu sagen: Wir channeln nicht höhere Intelligenzen, wir selbst sind die höheren Intelligenzen, denn die Unterscheidung in «höher» und «weniger hoch» besteht nur aus irdischer Sicht. Die Wesen der Lichtwelten betonen, dass wir aus spiritueller Sicht alle gleich sind. Sie sehen sich nicht als Teil einer Hierarchie, in der sie höher stehen als du und ich. «Vor Gott sind alle gleich.»

Leben mit Hochsensitivität

Menschen, die hochsensitiv sind und diese Begabung noch nicht erkannt haben, fühlen sich oft unverstanden und isoliert. Sie leben in einer eigenen Welt, die ich als «Schmerzinsel» bezeichne. Sie erleben immer wieder, dass sie wegen ihrer Andersartigkeit bewundert und gleichzeitig auch gemieden werden. Dadurch, dass Hochsensitive anders fühlen und wahrnehmen, reagieren sie oft mit Rückzug und ziehen es vor, in ihren inneren Welten zu leben, weil sie sich dort auskennen und zu Hause fühlen. Dort fühlen sie sich mit allem verbunden, weil sie sich bewusst oder unbewusst an die Welt erinnern, aus der sie kommen, wo es keine Getrenntheit gibt. Dadurch leben sie in einer gewissen Ambivalenz: Sie sind emphatisch, haben eine ausgeprägte Herzintelligenz und großes Mitgefühl für andere Menschen und Lebewesen, und doch empfinden sie das Umfeld oftmals als bedrohlich oder feindlich, weil sie die Menschen tiefer wahrnehmen und Gedanken und Gefühle energetisch erfassen können. Das Problem ist, dass sie sich nicht sehr gut abgrenzen können, da für sie die Grenzen und energetischen Übergänge fließend sind. Diese Überflutungen und Überreizungen können phasenweise sehr intensiv werden. Außenstehende können diese inneren Vorgänge nur begrenzt wahrnehmen, ebenso wie sie nicht wirklich nachempfinden können, was ein hochsensitiver Mensch in solchen Momenten erlebt und was in ihm vorgeht.

Es gibt jedoch Wege von der unbewussten Hochsensitivität, der «Schmerzinsel», zur bewussten Hochsensitivität, die ich «Insel der Freude» nenne. Das Unverstanden-Fühlen kommt zu einem Ende und der hochsensitive Mensch kann zu einer selbstbewussten Persönlichkeit werden. Auf dem Weg zur «Insel der Freude» erkennt er immer mehr, dass seine Art, die Welt wahrzunehmen, nicht komisch oder verrückt, sondern ganzheitlich ist, und dass seine Wahrnehmungsbegabung kein Fluch, sondern eine Begabung ist. Wenn dies erkannt wird, ist der erste Schritt in Richtung Selbstbewusstsein getan.

Jeder Mensch kommt mit einem Seelenplan und einer Lebensaufgabe zur Welt, so auch die Hochsensitiven. Sie haben ebenfalls eine bestimme Aufgabe, aber das macht sie nicht zu etwas Besonderem, obwohl für sie Begriffe wie «Indigokinder», «Kristallkinder», «Regenbogenkinder» usw. geprägt wurden. Für mich sind alle diese Kategorien nicht wichtig, weil sie den entsprechenden Kindern und Erwachsenen nicht wirklich gerecht werden und das Augenmerk auf das Spektakuläre richten. Die Begriffe selbst können durchaus helfen, sich selbst und andere besser zu verstehen, aber sie sollten nicht zu Schubladen oder Schablonen werden. Wir dürfen jedoch erkennen und uns zugeben: Wir «funktionieren» etwas anders, und in diesem Anderssein dürfen wir neue Wege finden. Wir wollen einfach die Menschen für die Perspektive sensibilisieren, dass sie viel mehr sind als das, was sie glauben, was sie sind. Ich spüre den inneren Ruf zu erzählen, wie hochsensitive Menschen fühlen und wie sie die Welt sehen, da sie Pioniere und Vorreiter einer neuen Generation sind.

Hochsensitive Menschen helfen uns, neue Wege zu finden

Die Erde durchläuft ihre eigenen Zyklen, und es ist wichtig für die Menschen, dies zu erkennen und sich darauf vorzubereiten. Die Indianer sagen, dass wir am Übergang von der «vierten Welt» in die «fünfte Welt» sind. Die Energie der Erde wird wieder feinstofflicher, die Grenzen zwischen den Welten werden durchlässiger.

Das alte System, das von den Menschen verlangt, in einer Leistungsgesellschaft zu funktionieren und Geld zu verdienen, zerreißt sich in den eigenen Extremen und löst sich selbst auf. Immer mehr Menschen fühlen und erkennen, dass etwas ganz Fundamentales nicht stimmt. Die Welt ist aus dem Gleichgewicht und «aus den Fugen».

Hochsensitive Menschen haben das Problem, das zugleich auch ein Segen ist, nämlich dass sie sich nicht verstellen und verleugnen können. Sie sprengen alte Glaubensstrukturen und Denkschablonen von innen her und verankern neue Energien. Sie leben nicht aus einem Habenwollen heraus. Ihnen geht es um das Sein, das Leben und die Selbsterkenntnis. Für sie steht die Herzintelligenz im Mittelpunkt des Lebens. Sie erinnern uns daran, dass wir Lichtwesen und Mensch gleichzeitig sind, und dass es in unserem Leben darum geht, das Licht zu verankern und Mutter Erde im Dimensionswechsel zu unterstützen. Sie sind Kinder des Lichts, die eine Laterne in der Hand halten und voller Vertrauen in die dunklen Bereiche gehen, um alles hell zu machen. Sie erinnern die Menschen an ihr eigenes inneres Licht.

Nicht alle finden dieses Licht gut. Im Umfeld eines hochsensitiven Menschen fühlen sich auch die anderen anders. Alles ist intensiver. Es ist, als wenn sie in einen Spiegel blicken würden, und der Spiegel reflektiert sowohl das Positive als auch das Negative. Beides wird hervorgeholt und verstärkt. Einige finden das spannend und interessant, andere weichen diesem Energiefeld aus, weil sie sich darin selbst intensiver wahrnehmen. Einige haben fast Angst davor. Diejenigen, die unterdrückte Strukturen in sich tragen, empfinden das Licht als fremd und bedrohlich. Die Dunkelheit will nicht, dass es hell wird. Das Licht wirkt extrem störend, was aus der Perspektive der Schattenanteile ja auch verständlich ist. Deshalb werden Hochsensitive einfach durch ihr Dasein oftmals zu einer Projektionsfläche für Schuldvorwürfe und zum Sündenbock, sei dies im Familienkreis, in der Schulklasse, am Arbeitsort oder auf der Weltbühne von Politik und Religion.

Hochsensitivität und innere Stärke

Nicht der vorherrschenden Norm zu entsprechen, ist eine große Herausforderung und Prüfung. Ein hochsensitives Kind weiß zuerst gar nicht, dass es nicht der Norm entspricht. Es kennt nur seine eigene Wahrnehmung der Welt, aber es merkt ziemlich bald, dass die anderen Menschen die Welt anders sehen: weniger farbig, nicht durchsichtig und ohne die Vielfalt der feinstofflichen Formen.

Notwendig ist an dieser Stelle das Urvertrauen, damit du dir treu bleibst, auch wenn du nicht ernst genommen wirst und du scheinbar allein auf der Welt bist. In den Lichtwelten brauchtest du keine Abgrenzung, aber in der Materie lebst du in einer Trennung. Deshalb brauchst du hier Struktur, Schutz und Abgrenzung.

Lerne, mit der Materie umzugehen und dich auf die Materie einzulassen. Wichtig ist, dass du im Körper ankommst und das verkörperst, was du bist. Verankere das Schöpfungslicht in deinem Körper und lass es durch dich in die Welt strahlen. So wird es dir möglich, all den Seelen, die noch nicht ganz im Körper angekommen sind, beizustehen und sie zu begleiten und in unserer Welt willkommen zu heißen!

Die vier Wahrnehmungskreise

Wenn wir nicht im inneren Gleichgewicht verankert sind, haben wir die Tendenz, dass wir im Zuviel oder im Zuwenig sind. Auch mit unserer Wahrnehmung sind wir oftmals zu viel bei uns selbst oder zu viel bei den anderen. Die Differenzierung der vier Wahrnehmungskreise soll dich darin unterstützen, deine Wahrnehmung besser zu kanalisieren und bewusster zu entscheiden, wie und was du wahrnehmen möchtest.

Wenn wir die Welt betrachten, bewegt sich unsere Wahrnehmung in vier sich ausweitenden Kreisen, ähnlich wie Kreise auf der Oberfläche eines Sees, wenn wir einen Stein ins Wasser werfen. Wir sind das Zentrum dieser Kreise. Jeder Mensch ist das Zentrum seines eigenen Universums und blickt von seinem «Standpunkt» aus hinaus in die Welt. Wir können für uns vier konzentrische Wahrnehmungskreise unterscheiden.

Der erste Wahrnehmungskreis ist die Selbstwahrnehmung. Der erste Blickpunkt sind immer wir selbst. Wie geht es meinem Körper, meinen Gedanken und meinen Emotionen? Die Art, wie wir uns selbst fühlen, beeinflusst unsere anderen Wahrnehmungskreise. Wenn ein Zahn schmerzt oder wir den kleinen Zeh anschlagen, konzentriert sich unsere Wahrnehmung vorrangig auf diesen einen Punkt. Wenn wir verliebt sind, erleben wir die Welt und die Menschen ganz anders als vorher im normalen Alltag, obwohl die Welt und die Menschen sich nicht verändert haben.

Der zweite Wahrnehmungskreis ist die Wahrnehmung der direkten Umgebung. Wir schweben nie in einem leeren Raum, sondern sind immer umgeben von anderen Personen oder Gegenständen. Vielleicht sind da auch Pflanzen oder ein Haustier. Es geht um die Wahrnehmung der nächsten Bezugspunkte.

Der dritte Wahrnehmungskreis ist der Raum, in dem wir uns befinden. Hier sehen wir nicht nur die direkten Bezugspunkte wie im zweiten Wahrnehmungskreis, sondern den gesamten Raum. Dazu gehören die Wände, die Fenster und die Tür. Der Raum hat Struktur und Volumen, und beim näheren Hinschauen entdecken wir Details, die sich der bewussten Wahrnehmung entzogen haben. Solche Details können plötzlich sehr bedeutsam werden, zum Beispiel eine Türklinke oder ein Schlüssel im Schrank, wenn wir mit der Jackentasche daran hängen bleiben.

Der vierte Wahrnehmungskreis bezieht sich auf alles, was außerhalb des Raums ist. Das können Töne und Geräusche von außen sein. Das kann der Garten oder das Treppenhaus sein. Das können Personen sein, mit denen wir telefonieren oder an die wir denken. Letztlich gehört das gesamte Universum dazu. «Gott und die Welt» und die geistige Welt, alles gehört zum vierten Wahrnehmungskreis, wobei auch die inneren drei Kreise in diesen vierten «eingebettet» sind. Diese Übereinanderlagerung der Wahrnehmungskreise gibt uns ein Gefühl dafür, dass wir in einem multidimensionalen Kosmos leben. Denn die geistige Welt ist nicht nur im Außen, sondern auch im Inneren. Was wir in der äußeren Welt wahrnehmen, ist zuallererst eine innere Wahrnehmung.

Hochsensitive Menschen haben die Tendenz, zu viel im vierten Wahrnehmungskreis zu sein. Sie fühlen sich oftmals mehr mit ihrer geistigen Herkunft verbunden als mit ihrem Körper und ihrem Umfeld, und das ist ein Ungleichgewicht, das schnell zu einer «Überflutung» führen kann, wenn sich der eigene Körper, die eigenen Emotionen und die Emotionen der Menschen aus dem Umfeld melden. Deshalb ist es wichtig, in solchen Momenten den Fokus auf den ersten Wahrnehmungskreis zu richten.

Wenn du aber zu sehr mit deinem Körper oder deinen Emotionen und Gedanken beschäftigt bist und alles dicht und eng wird, solltest du die Türen in den zweiten, dritten und vierten Wahrnehmungskreis öffnen und diese Perspektiven miteinbeziehen. Dadurch kannst du die mentale oder emotionale Isolation auflösen und vermeiden, dass du in eine Abwärtsspirale gerätst.

Wenn du unter vielen Menschen bist und dich überflutet fühlst, ist jedoch nicht der vierte, sondern der zweite Wahrnehmungskreis hilfreich. Man könnte meinen, dass du dich sogleich an andere Menschen oder an die geistige Welt wenden solltest, aber in diesem Moment befindest du dich im «Zuviel», und alles Äußere würde dieses Gefühl («Das wird mir nun alles zu viel») nur noch verstärken. Angesichts der starken Dominanz der äußeren Faktoren ist es ratsam, dass du dich zuerst für die eigene Zentrierung auf den zweiten Wahrnehmungskreis konzentrierst. Verbinde dich mit der Materie in der Form gewisser direkter Bezugspunkte, und zwar mit Gegenständen und – in diesem Moment – nicht mit Personen. Spüre den Boden unter dir, lehne dich an eine Säule oder setze dich auf einen Stuhl und nimm bewusst diesen Stuhl wahr. Spüre diesen Gegenstand und verbinde dich mit ihm. Du kannst ihn sogar geistig ansprechen und dich bedanken, sei dies mitten unter den Menschen oder zu Hause, wenn plötzlich zu viel von außen auf dich eindringt.

Ein Gegenstand kann ein sehr hilfreiches Gegenüber sein! Du kannst dein Sofa oder deinen Tisch ansprechen und die vielen Gedanken einfach der Materie übergeben. Gegenstände sind sehr geduldig und reagieren selbst nicht emotional. Das typische Beispiel ist das Kissen, in das wir weinen. Dank dieser Gegenstände können wir Distanz gewinnen. Sie können Sparringspartner im Selbstgespräch sein, weil sich deine Gedanken und Emotionen dank dieses äußeren Bezugspunktes dann nicht im Kreis drehen. Du wirst dich sehr schnell wieder den Menschen zuwenden können, auch den schwierigen und «mühsamen», denn das ist das Ziel dieser etwas ungewohnten Kommunikationsübung im zweiten Wahrnehmungskreis.

Wenn du andererseits zu viel in der Materie bist, kannst du deinen Horizont auf den vierten Wahrnehmungskreis erweitern, um dir geistig mehr Raum zu verschaffen. In einem engen Raum kannst du mit deinem Bewusstsein weit über diese Begrenzungen hinausgehen und dir den Himmel und die Sterne vorstellen, die den Raum umkreisen. Und dort hört der vierte Wahrnehmungskreis noch lange nicht auf. Der ganze multidimensionale Kosmos gehört dazu.

Diese Veränderung des Horizonts und der Wahrnehmung kannst du auch in der Natur anwenden. Mache diese Übung zum Beispiel mit einem Baum und versuche bewusst, ihn auf diesen vier Ebenen wahrzunehmen. Wenn du dich vor einen Baum stellst und den Baum im ersten Wahrnehmungskreis betrachtest, fühlst du in deinem Körper, in deinen Gedanken und Emotionen, wie der Baum sich anfühlt und was er in dir bewirkt. Kannst du ihn energetisch fühlen? Was für Gedanken und innere Bilder oder sogar innere Dialoge entstehen?

Erst im zweiten Wahrnehmungskreis wendest du dich dem Baum direkt zu. Betrachte und erforsche die Struktur des Baumes, seinen Stamm und die Beschaffenheit seiner Rinde, die Farben, die du an ihm finden kannst, und seine Blätter. Du kannst den Baum berühren und umarmen. Wie wirkt sich das wiederum auf den ersten Wahrnehmungskreis aus?

Beim dritten Wahrnehmungskreis erweiterst du dein Blickfeld und nimmst auch den Raum wahr, wo der Baum steht: das Gras auf dem Boden, die Wiese oder die anderen Bäume, wenn du in einem Wald bist. Verbinde dich mit diesem Raum und lass diese Offenheit auf dich wirken. Auch dadurch verändert sich wiederum die Wahrnehmung innerhalb des ersten und zweiten Kreises.

Im vierten Wahrnehmungskreis siehst du den Baum als Lebewesen. Du spürst seine Aura und seine Verbindung zur Mutter Erde, zur Sonne, zum Mond und zum Licht, das über diese Stationen zum Baum kommt – und zu dir und zur ganzen Natur. Du siehst die große Ganzheit der Natur und des Kosmos, und das einfach über die Erweiterung des Wahrnehmungskreises bei diesem einen Baum.

Mit dieser Übung und den damit verbundenen Veränderungen der Wahrnehmung kannst du deine eigene Hochsensitivität trainieren und fördern und gleichzeitig lernen, mit diesen Wahrnehmungen umzugehen und sie zu steuern. Das kannst du überall, in der Natur oder irgendwo, egal wo du gerade bist: im Büro, bei dir zu Hause, in einer Warteschlange vor der Kasse im Supermarkt, an einer Bushaltestelle, auf einem Konzert mit vielen Menschen oder im Zug oder allein im Auto. Wichtig ist, dass du immer vom ersten Wahrnehmungskreis ausgehst und zuerst schaust, wie es dir geht und was gut für dich ist. Dementsprechend kannst du dich einstellen und ausrichten und spüren, in welche Wahrnehmungskreise du hineingehen willst, und in welcher Form.

«Notfallkoffer»: Ratschläge für Hochsensitive

Die folgenden Ratschläge sind für alle Menschen relevant, aber hochsensitive müssen besonders darauf achten, und im Notfall ist eine sofortige und konsequente Einhaltung ratsam – «Bitte beachten Sie die Packungsbeilage».

1. Bewusst Pausen einplanen. Immer darauf achten, die Zeit oder den eigenen Körper nicht zu vergessen, vor allem am Computer. Bei einer mangelnden Selbstwahrnehmung besteht die Tendenz, bis zur Erschöpfung zu arbeiten und einseitig tätig zu sein.

2. Ruhe und Rückzug. Hochsensitive brauchen mehr Ruhe und Rückzug als andere Menschen, da sie sich oft nur in ihrer eigenen Energie stabilisieren können. Es ist ratsam, auch bei sich zu

Hause einen Ort einzurichten, wo du ohne Fremdeinflüsse bist und in deine eigene Energie zurückfinden kannst. Bei Partnerschaften kann dies bedeuten, getrennt zu schlafen, damit du in deine eigene Energie kommen und dich regenerieren kannst. Das ist kein Zeichen von Ablehnung oder Trennung, im Gegenteil, du kannst danach wieder viel besser auf deine Partnerin bzw. deinen Partner eingehen.

3. *Vorsicht mit Nachrichten.* Es ist besonders wichtig, beim Essen nicht gleichzeitig Nachrichten zu hören, Zeitung zu lesen oder im Internet zu surfen. Sonst nimmst du mit dem Essen auch diese Schwingungen zu dir. So wie du nicht ungeschützt in die Hitze oder Kälte gehst, solltest du dich auch nicht ungeschützt den niederprasselnden Negativenergien von Nachrichten aussetzen.

4. *Lernen, nein zu sagen.* Hochsensitive Menschen sind sehr empathisch und fühlen oftmals die anderen Menschen mehr als sich selbst. Sie haben die Tendenz, es immer allen recht machen zu wollen, weil sie die Bedürfnisse und Wünsche der anderen über die eigenen stellen. Sie müssen lernen, für sich selbst zu sprechen und sich abzugrenzen. Sag nicht Ja, wenn du Nein sagen möchtest!

5. *Bedürfnisse aussprechen.* Sprich aus, was für dich wichtig ist, und stelle sicher, dass das, was du sagst, gehört und ernst genommen wird.

6. *Erkennen, wenn etwas zu viel wird.* Wenn du unter Menschen bist und diese ihre eigenen Themen wälzen und quirlen, bist du nicht verpflichtet, nur aus Freundlichkeit dabei zu bleiben. Du darfst dich verabschieden und entfernen oder ein Thema abbrechen.

7. *Achtsamkeit gegenüber dem Körper.* Erlaube dir, den Körper zu spüren und ihm zu geben, was er braucht, insbesondere Bewegung, Sport und gesunde Ernährung.

8. Gesunde Ernährung. Die Ernährung hat einen großen Einfluss auf unser physisches und psychisches Wohlbefinden. Gewisse Nahrungsmittel sind allgemein als ungesund bekannt, aber auch als normal angesehene Stoffe wie raffinierter Zucker und Weißmehl haben ihre Tücken. Erst wenn man versucht, sie wegzulassen, merkt man, wie «süchtig» man ist. Wenn man bei hochsensitiven Kindern nur schon den einen oder anderen dieser Stoffe reduzieren würde, würden sich in vielen Fällen erstaunliche positive Veränderungen einstellen. Ein weiterer Schritt ist die vollwertige vegetarische oder vegane Ernährung. Diese kann nur schon als Experiment über eine gewisse Zeit dazu führen, dass man sich körperlich gesünder und gedanklich freier fühlt.

9. Bewusst geistige Werkzeuge in den Alltag integrieren. Wir pflegen unseren Körper und putzen täglich die Zähne, waschen uns und waschen unsere Wäsche. Ebenso sollten wir unseren energetischen Körper pflegen, schützen und stärken, zum Beispiel mit Energieduschen, mit Farben oder mit Kristallen. Wir sind Elektrosmog ausgesetzt, leben vielleicht auf einer Wasserader oder leiden unter anderen unguten Einflüssen. Neben allen technischen und praktischen Lösungen gibt es auch energetische Möglichkeiten der Entstörung, wie zum Beispiel durch Energiesymbole und Kristalle.

Du kannst auch einfach kraftvolle Wörter bei dir tragen. Experimente mit Wasser haben gezeigt, dass Wörter ein Energiefeld haben und dass das Wasser auf diese Energiefelder reagiert. Unser Körper besteht zu siebzig bis achtzig Prozent aus Wasser! Eine Möglichkeit ist auch, diese kraftvollen Wörter laut auszusprechen, dann werden sie zu Gebeten oder Mantras. Wir sind immer mit den geistigen Ebenen und mit der göttlichen Quelle verbunden, und es gibt viele Mittel und Methoden, die uns helfen, diese Verbindung zu stärken und uns an diese Verbindung zu erinnern.

Meditation
Schutz und Stärkung durch das Kristallherz der Erde

Bitte setze dich bequem hin und entspanne deinen Körper. Atme tief ein und aus. Fühle deinen Körper. Du spürst deinen Kopf, du spürst, wie du auf dem Stuhl sitzt, und du spürst deine Füße auf dem Boden. Du spürst den Boden unter dir. Du spürst die Erde, und du siehst, wie der Punkt, den du einnimmst, ein Teil der Erdoberfläche ist. Du und die Erde, ihr seid verbunden, und du spürst dies über die Verbindung deiner Füße mit dem Boden.

Lasse nun aus deinen Fußsohlen Wurzeln wachsen, tief hinunter bis zum Zentrum der Erde. Stelle dir dieses Zentrum als Kristall vor. Dieser Kristall ist das Herz von Mutter Erde.

Spüre diesen Kristall und gehe in Resonanz mit ihm. Du spürst die Frequenz von Mutter Erde in dir. Der Kristall ist uralt und enthält die gesamte Schöpfungsinformation der Erde. Über das Kristallherz der Erde kommst du mit dem Uranfang in Kontakt. Das Kristallherz war schon da, lange bevor die Erde die heutige Form annahm. Du siehst die Erde als göttliche Schöpfung, pulsierend im Licht der gesamten Schöpfung.

Im Herzen bist du mit Mutter Erde verbunden. Die kristalline Energie der Erde bringt dich mit deinem eigenen Herzen in Kontakt. Du bedankst dich, dass du diese Energie in dich aufnehmen darfst. Fühle, wie die Energie des Kristalls durch deine Wurzeln fließt, in deine Füße, in deine Beine, durch deinen Unterleib und Oberkörper, in deine Arme und bis in den Kopf. Fühle, wie diese kristalline Lebensenergie durch deinen Körper fließt und dich stärkt und nährt.

Das Energiefeld deines Körpers ist in Harmonie mit dem Energiefeld der Erde. Stelle dir vor, dass dein Energiefeld wie ein Kristall ist, ein lebendig-fließender Lichtkristall. Du bist innerhalb dieses

Energiefeldes. Es umgibt dich ganz. Es ist dein Energiekörper, die Merkaba. In diesem Energiefeld fühlst du dich behütet und beschützt.

Du kannst dich jederzeit im täglichen Leben spielerisch mit deinem Energiefeld verbinden. Stelle dir einfach vor, dass du in diesem Lichtkristall-Feld bist, wie in einem Haus, in einem Tempel, in einem heiligen Raum. In diesem Raum fühlst du die Verbindung mit der Erde und der göttlichen Schöpfung. Du spürst deine Wurzeln und diese Wurzeln geben dir die Kraft, in den Himmel zu wachsen.

Atme tief ein und aus. Fühle die Kraft der kristallinen Energie, die aus dem Herzen von Mutter Erde zu dir strömt. Fühle deinen Körper. Fühle deine Füße auf dem Boden und sei wieder ganz im Hier und Jetzt, ganz in deinem Körper, ganz in deiner eigenen Energie.

Wenn du bereit bist, öffne langsam deine Augen. Auch im Wachbewusstsein fühlst du die Verbundenheit mit Mutter Erde und die Kraft, die du aus ihrem Herzen empfängst. Gleichzeitig fühlst du die Verbundenheit mit der geistigen Welt, die alles trägt und beseelt. Der Himmel über dir, die Erde unter dir, und du als Mensch bist in der Mitte. Verbinde dich immer wieder mit deiner eigenen Mitte, mit deinem Herzen, und erkenne aus dieser Quelle heraus, wie du im Einklang mit Himmel und Erde leben kannst.

Schlüssel 5

Meditation ist der Schlüssel zur Verbindung mit der Quelle

Viele Menschen haben sich erst nach einer Krise oder aufgrund eines Schicksalsschlags der geistigen Welt zugewandt. Doch das ist nicht der einzige Weg. Mich hat seit meiner Kindheit die geistige Welt interessiert. Ich wollte immer wissen, wie die Menschen sich selbst und der Welt besser helfen können, und ich wusste, dass das Wissen um die geistige Welt hier der entscheidende Schlüssel ist.

Es gibt zahllose Weisheitslehren und spirituelle Schulungswege. Ich respektiere sie alle. Nur wenige Menschen haben die Zeit und das Privileg, einen solchen langen Weg zu gehen. Ich für mich bin überzeugt, dass es auch einfacher gehen kann. Das bedeutet aber nicht, gleichgültig und undiszipliniert zu sein. Auch bei den komplizierten Methoden und bei einem Klosterleben geht es letztlich darum, sich mit der Quelle zu verbinden und den eigenen Weg zu Gott zu gehen. Diese Quelle ist allgegenwärtig und deshalb auch in unserem Herzen. Ich glaube an diese göttliche Führung im Herzen und vertraue, dass sie sich mir mitteilt und dass ich sie hören kann. Es wäre eine seltsame Vorstellung von Gott, dass er sich nicht mitteilen könnte oder sich nur durch ganz bestimmte Rituale offenbaren würde.

Reise ins Herz, Reise in die Mitte

Wenn wir die göttliche Führung im Herzen wahrnehmen wollen und wirklich interessiert sind, diese auch zu hören, müssen wir dieser inneren Verbindung Zeit und Raum geben. Wir haben für so vieles in unserem Leben Zeit: für Filme, Facebook, Surfen im

Internet, Unterhaltungssendungen. Wie viel Zeit sind wir bereit, für die Meditation und das Gebet aufzuwenden? Das ist eine ganz konkrete Frage, die du dir selbst stellen musst. Eine Viertelstunde am Morgen und eine Viertelstunde am Abend? Täglich? Oder ab und zu? Oder nur zwischendurch und eigentlich fast nie?

Warum ist es wichtig, zu meditieren? Was bringt es dir? Welchen Nutzen hast du davon, wenn du regelmäßig Zeit für die Meditation investierst?

Meditation ist Nahrung für die Seele.
Wir essen jeden Tag, wir schlafen jeden Tag,
wir arbeiten jeden Tag.
Also sollten wir auch jeden Tag
Seelennahrung zu uns nehmen!

Meditation bedeutet wörtlich «Weg in die Mitte» und damit auch «Zentrierung». In der Mitte sind wir im Gleichgewicht. In der Mitte sind wir in unserem Herzen und in Verbindung mit der Quelle. Wenn wir nicht in der Mitte sind, sind wir in einer Einseitigkeit und verlieren uns in den vielen Formen des Zuviel und Zuwenig. Durch die Meditation nehmen wir das Bewusstsein von den Projektionen zurück und halten Einkehr und Andacht.

Keine starren Regeln für Form und Ort der Meditation

Ich propagiere keine spezifische Form der Meditation. Wichtig ist, dass wir meditieren, und dabei kann sich die Form durchaus verändern oder man kann abwechseln.

Meditation führt in den heiligen Raum des Herzens.

Wege in diesen heiligen Raum gibt es unterschiedliche. Das können stille oder gesprochene Gebete sein, kurze Affirmationen und

Gebetsformeln, die als Mantras wiederholt werden, Lieder und Gesänge, Pausen der Stille oder Besuche in einem Gotteshaus. Die Meditationen, die du hier in diesem Buch findest, sind Meditationstexte, die dir mögliche Wege für die Reise in dein Herz, in deine Mitte und Balance, weisen. Du kannst diese Texte meditativ für dich lesen. Schön ist auch, wenn du sie jemandem vorliest und sie dir vorlesen lässt. Drei dieser Texte habe ich aufgenommen, damit du sie allein oder in einer Gruppe anhören kannst. Am Schluss der Meditationstexte findest du den QR-Code für die entsprechende Audio-Datei.

So wie es keine starren Regeln für die Form der Meditation gibt, gibt es auch keine Vorschriften für den Ort. Du kannst in einer Gruppe oder zu zweit meditieren oder allein in der Natur oder zu Hause. Meditation «funktioniert» nicht nur in einem Kloster und in einer Idylle, sondern auch im modernen Leben und in der Stadt. Das ist der Grund, warum ich meine Seminare nicht nur an ländlichen Orten draußen in der Natur durchführe (dort natürlich auch und sehr gern!), sondern auch in der Stadt, in einem stillen Raum in einem Hotel mitten im Gewimmel. So können wir mitten in der hektischen Zivilisation Oasen errichten und das Licht verankern. Mir gefällt das sehr, und so gehe ich immer wieder gern hinein in die Städte.

Erwachen aus dem Schlaf der Trennung

Meditation öffnet Türen und Fenster deines Bewusstseins, die im normalen Alltag nicht geöffnet oder nicht beachtet werden. Interessanterweise sagen Mystiker, dass viele Menschen schlafen, auch wenn sie wach sind, und dass wir «erwachen» sollen. Dieses Bild ist sehr zutreffend, und es lohnt sich, tiefer in dieses Bild einzutauchen. Was ist gemeint mit «erwachen»?

Wörter wie «Bewusstseinssprung» oder «Bewusstseinserweiterung» klingen abstrakt, weil die direkte Erfahrung von dem fehlt, was gemeint ist. Aber du machst jeden Tag zwei Bewusstseinssprünge!

Wenn du erwachst, ist das ein sprunghafter Übergang von einem Bewusstseinszustand in einen ganz anderen, und wenn du einschläfst, ist auch das ein Bewusstseinssprung.

Vergleiche die beiden Zustände und fühle in dich hinein: schlafen und wach sein. Es ist derselbe Mensch, aber er verhält sich in diesen beiden Zuständen völlig anders. Im einen Zustand kann er nicht sprechen, er kann nur liegen und träumen und ist zu keiner Arbeit fähig. Im anderen Zustand ist es gerade umgekehrt. Der schlafende Mensch kann sich nicht vorstellen, dass es auch einen Wachzustand gibt, ja er kann sich nicht einmal die Frage nach dem Wachsein stellen. Und die Mystiker sagen, dass sich der heutige Mensch aus spiritueller Sicht auch dann, wenn er wach ist, in einem Schlafzustand befindet! Wenn der Mensch erwacht, würde er die Welt und das eigene Leben mit einem ganz anderen Bewusstsein wahrnehmen, so wie sich beim Erwachen ein ganz anderes Bewusstsein einschaltet als während des Schlafs.

Wenn die Menschen erwachen, nehmen sie
die geistige Welt wahr und
erkennen sich selbst als Lichtwesen
in einem materiellen Körper.
Die äußere Welt ist nicht mehr die einzige Realität,
der Glaube an Engel und die geistige Welt
ist nicht mehr nur ein Glaube,
und Gott wird jenseits aller Dogmen erkannt.

Kurzum: Meditation soll dich motivieren, dir wieder Zeit für dich selbst zu nehmen, und zwar tatsächlich für dich und dein Selbst. Ab und zu meditieren ist gut und schön, aber erst die Wiederholung und das Integrieren der Meditation in den Alltag bringt deinen Geist und deinen Körper in eine höhere Frequenz, und es wird dir immer leichter fallen, im spirituellen Wachbewusstsein zu leben. Je mehr du deine Essenz fühlst und als Realität erlebst, desto mehr kannst du deinem Wesen gerecht leben und lieben.

Meditation
Bewusstseinswandel durch das Herz

Bitte setze dich bequem hin und erlaube deinem Körper, ganz entspannt zu sein. Atme tief ein und aus. Atme ganz bewusst ein und aus, sanft und kraftvoll ein und aus. Atme tief, so wie am Morgen, wenn du erwachst und dich streckst. Die Sonne geht auf. Das Licht erfüllt deinen Herzraum. Du erwachst aus dem Schlaf, der wie ein Dornröschenschlaf war. Das Licht hat dich wachgeküsst, und du öffnest deine inneren Augen. Es ist wie ein Auftauchen aus der dichten Materie. Du schwimmst im Licht und blickst in die Unendlichkeit der Lichtwelten.

Du hast dir diesen Moment ausgesucht. Auf der Reise deines Lebens gemäß deinem Seelenplan ist jetzt der Moment, dich zu erinnern und dein wahres Wesen in deiner umfänglichen Schönheit wahrzunehmen. Du bist ein Kind der Erde und ein Kind des Himmels. Die Erde hält dich wie eine Mutter an der einen Hand, der Himmel hält dich wie ein Vater an der anderen Hand. Sieh dich wie ein Kind, das mit Mutter und Vater spazieren geht. Du spürst die Freude in deinem Herzen, dass Mutter und Vater sich lieben, und du spürst, wie sehr du geliebt wirst. Spüre diese weibliche und männliche Kraft in dir, wie sie sich lieben und in Einklang sind. Du fühlst die Kraft in dir, und du spürst, wie diese Kraft dir Mut und Vertrauen gibt, dich zu erinnern.

Du bist hier auf der Erde, um deinen Lebensplan und deine Lebensaufgabe zu leben. Das Verkörpern dieser Kraft, dieses Lichts und dieses Einklangs ist deine Aufgabe als Mensch und deine Berufung als Lichtwesen. Erinnere dich, dass du aus diesem Grund in die Welt der dichten Materie eingetaucht bist.

Atme wieder bewusst ein und aus. Fühle deinen Körper, deine Gefühle, deine Gedanken und Energien. Fühle die Kraft und den Frieden in deinem Herzen. Du bist im Frieden mit dir und der Welt, im Frieden mit deinem Körper und deinen Gedanken, was auch immer sie von außen an dich herantragen. Du fühlst deine spirituelle Essenz. Du hast einen freien Willen, und aus diesem innersten Kern heraus entsteht jetzt ein klares Ja zu deinem Lebensplan und deiner Lebensaufgabe. Fühle dieses Ja in dir. Du spürst die Kraft und die Entschlossenheit – jetzt, wo dein Glaube, dein Wissen und deine Selbsterkenntnis wach und präsent sind. Verinnerliche dieses Ja, diese Kraft und diese Entschlossenheit, sodass du dich immer daran erinnern kannst, auch dann, wenn die Kraft und die Entschlossenheit manchmal wieder schwächer sein werden. Jetzt bist du in der Kraft. Jetzt hast du die Entschlossenheit. Und jetzt sprichst du dieses Ja. Lasse das Ja deines Herzens in dir erklingen und leuchten, und es erklingt und leuchtet in jeder Zelle deines Seins.

Fühle die Heilwelle, die dich durchströmt. Dein Ja zu deiner Beziehung mit dir selbst ist wie eine Umarmung an das Universum, und du spürst, wie diese Umarmung hundertfach erwidert wird. Die geistige Welt freut sich so sehr über jede Seele, die sich erinnert und erwacht. Und nun bist auch du erwacht und erinnerst dich.

Es ist das größte Geschenk, das du schenken und empfangen kannst: dich in Vertrauen der universellen Schöpferkraft schenken. Göttliche Hingabe mit einem klaren JA. Fühle die Freude und Kraft, die aus dieser inneren Verbindung entsteht. Fühle die Heilung. Fühle deinen Schutzkreis. Fühle den Frieden. Fühle die Heilung und den Segen. Atme diese Heilkraft ein und alles, was nicht mehr zu dir gehört, aus. Atme tief ein und aus, bis nichts Belastendes mehr in dir ist. Atme Liebe ein und Frieden aus ...

Diese Liebe, dieses Licht, diese Kraft ... das bist du in deinem Ursprung und deiner Essenz. Danke dir, dass du dieses Geschenk angenommen hast und nun mit dir und der Welt teilst. Und empfange den Dank, den du bekommst, mit offenem Herzen. Der Dank strömt dir von der Erde und dem Himmel zu. Spüre diesen Dank, den du empfängst, und spüre, dass du unendlich geliebt bist.

Lasse dir in tiefer Stille ein paar Minuten Zeit, um alles, was du jetzt erlebst und fühlst, in deinem Bewusstsein zu verankern. Atme und fühle ... atme tief, so wie am Morgen, wenn du erwachst und dich streckst. Die Sonne geht auf. Das Licht erfüllt deinen Herzraum. Du atmest tief und streckst dich. Bewege deine Arme und Beine.

Erinnere dich auch im Wachbewusstsein an die Kraft, die du empfangen hast. Geh frisch gestärkt zurück in dein Leben! Gönne dir diese Meditation bei Gelegenheit auch am Abend vor dem Einschlafen und tauche danach ein in einen Heilschlaf. Schwimme im Heilstrom, reise in das Land der lichtvollen Träume und erinnere dich am Morgen an das spirituelle Erwachen. So wird jeder neue Tag zu einem Ausdruck des Erwachens und der Erinnerung daran, wer du bist und warum du hier bist.

 Einführung in die Meditation

Audio-Datei mp3, Dauer: 01:55 Minuten
Zum Anhören QR-Code scannen
oder folgenden Link im Browser eingeben:
www.licht-herz.media/nr-einfuehrung

 Meditation Bewusstseinswandel durch das Herz

Audio-Datei mp3, Dauer: 18:19 Minuten
Zum Anhören QR-Code scannen
oder folgenden Link im Browser eingeben:
www.licht-herz.media/nr-bewusstseinswandel

Schlüssel 6

Wahre Liebe ist der Schlüssel in die Freiheit

In allem, was die Menschen anstreben, geht es letztlich um Freiheit. Ein eigenes Haus, eine schöne Beziehung, Erfüllung und Erfolg, Ziel ist immer die Freiheit, das machen zu können, was uns wirklich entspricht. Jeder spürt, dass Abhängigkeit und Unterdrücktsein nicht unserer wahren Natur entspricht. Aber die wirkliche Freiheit kann nicht gekauft werden und ist kein materieller Zustand. Das zeigt sich darin, dass Menschen, die in ärmlichsten Verhältnissen leben, eine tiefe Liebe ausstrahlen können, während sie sich auf ihre ganz eigene Weise frei fühlen. Demgegenüber sehen wir, dass es Menschen gibt, die materiell alles haben, aber sich nie wirklich frei fühlen. Ständig rufen materielle Verpflichtungen, und es herrscht eine subtile Angst vor Krankheit, vor Verlusten und vor dem Tod. Auch hier zeigt sich, dass Freiheit, wenn sie denn gefunden wird, nicht materiell ist. Der Schlüssel zu dieser Freiheit ist die Liebe, aber auch hier «Liebe» nicht in einem materiellen Sinn, sondern als innere Herzqualität.

Wahre Liebe wird auch als bedingungslose Liebe bezeichnet. Eine schöne Erklärung, was damit gemeint ist, finden wir in der Bergpredigt von Jesus: «Und er (= Gott) lässt seine Sonne aufgehen über den Bösen und über den Guten und lässt es regnen über Gerechten und Ungerechten.» Die Quelle ist für alle da und trennt sich nie von uns. Sie macht auch keine Unterscheidungen, nicht einmal, ob sich jemand von ihr trennt oder nicht. Das ist die Bedeutung von wahrer Liebe. Wenn wir uns mit der Quelle verbinden, können wir diese Liebe empfangen und weitergeben, und diese wahre Liebe ist der Schlüssel in die Freiheit.

Liebe ist wie ein Lichtstrahl

Liebe ist in unserer Welt vielmals gekoppelt an Erwartungen. Wenn wir von dem anderen nicht das bekommen, was wir wollen, ziehen wir unsere Herzstrahlen zurück. Wir machen Liebe abhängig von dem, was wir denken, erwarten und meinen, was Liebe sei. Diese Liebe ist nicht bedingungslos, sondern abhängig von vielen Forderungen und ist deshalb keine wahre Liebe.

Wahre Liebe ist das, was wir aus der Quelle empfangen und was uns mit der Quelle verbindet. Wenn wir nicht in dieser Liebe sind, sind wir von der Quelle getrennt und suchen überall nach Ersatz. Für diese Liebe gibt es jedoch keinen Ersatz. Die wahre Liebe leuchtet mit vielen Lichtstrahlen in unsere Welt hinein. Dieses Licht können wir nicht mit dem eigenen Willen steuern und nicht aus unserem Ego heraus erzwingen. Immer wenn uns ein Lichtstrahl erreicht, ist das ein Geschenk und eine Offenbarung. Das kann zum Beispiel einfach eine kurze Begegnung unterwegs sein. Egal, in welcher Form dieser Mensch in unserem Leben bleibt oder ob es eine einmalige Begegnung war, eine solche Begegnung kann uns ermutigen und stärken, sodass wir wieder mit der wahren Liebe in uns selbst in Kontakt kommen.

Die wahren Heldinnen und Helden sind für mich diejenigen, die nie von dieser Liebe abgerückt sind.

Diese bedingungslose Liebe ist keine mentale
und keine antrainierte Kraft,
sondern die Kraft des Herzens,
wenn wir im Herzen wahrhaft mit der Quelle verbunden sind.

Dann ist unsere Sicht immer größer als das, was uns im Leben an Hindernissen und Widerständen begegnet. Wahre Liebe ist ein Schlüssel, der unantastbar ist. Wer diesen Schlüssel hat, ist wirklich frei.

Liebe und Dankbarkeit

Dankbarkeit ist für mich das stärkste Gefühl, das es gibt. Die Liebe aus der göttlichen Quelle ist bedingungslos, und wenn wir diese Liebe empfangen, geschieht das nicht, weil wir etwas Besonderes getan haben und es verdienen, sondern es geschieht als Geschenk und Offenbarung. Die natürliche und einzige Antwort darauf ist die Dankbarkeit. Dankbarkeit ist ein Aspekt der Liebe, denn mit Dankbarkeit zeigst du, dass du die Liebe annehmen kannst und angenommen hast. Liebe und Selbstliebe: «Liebe die anderen wie dich selbst!» Um wahrhaft Liebe weitergeben zu können, müssen wir zuerst Liebe *annehmen* können. Spürst du wirklich, dass du unendlich geliebt bist? Kannst du das in deinem Herzen glauben und annehmen?

Wenn du Dankbarkeit fühlst,
erhöht sich deine Schwingung und Energie.

Du fühlst Wärme, Freude und ein geborgenes Gefühl, als würde dich eine Kraft umarmen. Du denkst dann vielleicht, dass dies dein Schutzengel sei. Das ist tatsächlich möglich, denn über die Dankbarkeit entsteht zwischen dir und der geistigen Welt eine Synergie. Du fühlst, dass du in Verbindung bist mit der Quelle, und diese Verbindung ist das Bewusstsein der Liebe.

Aus der Dankbarkeit heraus wünschen

Wir sind es gewohnt, uns dann zu bedanken, wenn wir etwas bekommen. Aber dieser Dank ist oft nur formell und oberflächlich. Das Gefühl der Dankbarkeit ist hier abhängig von äußeren Dingen und ist eine Reaktion auf etwas, das bereits geschehen ist, also eine Reaktion auf etwas Vergangenes. Wir wünschten etwas und hofften damit auf etwas Zukünftiges. Diese Art des Wünschens ist Ausdruck eines Gefühls von Bedürftigkeit und Mangel.

Wenn sich unser Gefühl der Dankbarkeit jedoch an der wahren Liebe orientiert, passt sich die Materie diesem Impuls an. Du sprichst also nicht einen Wunsch aus, sondern du dankst für das, was du dir wünschst, als wenn du es schon bekommen hättest. Du bedankst dich für Dinge, die noch nicht da sind. Dadurch verbindest du dich mit der Quelle, und dann kann die Quelle dir geben, was deinen Wunsch von seinem inneren Kern her erfüllt. Du forderst nicht aus dem Ego heraus, sondern vertraust, dass du im Fluss des Lebens das bekommen wirst, was dir wirklich weiterhilft.

Dankbarkeit ist eine Grundstimmung der Liebe.
In diesem Bewusstsein bedankst du dich «einfach so»,
ohne äußeren Grund.
Du lebst in Dank an das Leben und in Dank an die Quelle.
Warum sollen wir nur danken,
wenn wir etwas bekommen oder etwas wollen?

Es ist eine befreiende Erfahrung für dich, wenn du dich bedankst, auch wenn deine Realität im Moment eine andere ist und dir nicht nach Bedanken zumute ist. Doch wenn du dich in diesen Moment, auch wenn es gerade schwierig ist, einfach auf die Dankbarkeit einlässt, wirst du erleben, dass etwas ganz Besonderes mit dir geschieht...

Affirmationen
Standhaft bleiben im eigenen Licht

Wahre Liebe ist die Kraft des Herzens. Keine mentale Stärke und keine persönliche Souveränität gehen so tief wie die Kraft des Herzens. Diese Kraft bleibt, auch wenn keine mentalen und materiellen Gründe bleiben, um dankbar zu sein. Das berühmteste Beispiel ist Jesus am Kreuz, der betete: «O Gott, verzeih ihnen, denn sie wissen nicht, was sie tun.» Nur mit der Kraft des Herzens ist eine solche Standhaftigkeit in der Liebe möglich.

Auch wir kommen immer wieder in Situationen, in denen wir gefordert sind, im eigenen Licht standhaft zu bleiben. Wenn wir uns mit unseren Gedanken und Emotionen identifizieren, kann es sehr schnell geschehen, dass wir impulsiv und im Affekt reagieren. Wenn unser Bewusstsein jedoch im Herzen ruht und nicht an den Projektionen «klebt», haben wir die innere Distanz, die uns den Freiraum gibt, die Situationen unseres Lebens aus der Perspektive der Liebe und Dankbarkeit zu betrachten.

Ein Beispiel: Stelle dir vor, du bist bei der Arbeit, und irgendjemand reagiert wutentbrannt oder unzufrieden. Wenn du dich in diesem Moment über dein Herz mit der Dankbarkeit verbindest, wirst du nicht aus einer Programmierung von Aggression oder Angst reagieren. Affirmationen für eine solche Situation sind:

Danke, dass ich im eigenen Licht standhaft bleibe.

Danke, dass ich zentriert und präsent bin.

Danke, dass ich behütet und begleitet bin.

Wenn du diese Kraft in dir verankert hast, wirst du spüren, dass die negative Energie von außen dich nicht erschüttert, und du kannst kompetent und einfühlsam reagieren. Du bist dann nicht mehr Projektionsfläche, sondern ein Spiegel für andere Menschen.

Dankbarkeit kann ein grundlegender Bewusstseinszustand sein. Erinnere dich immer wieder an diese höhere Sicht, und übe dich darin, jeden Tag mit Dankbarkeit zu beginnen.

Danke für diesen neuen Tag.

Danke für alles, was gut in meinem Leben ist. (Zähle auf, was das ist. Da ist so viel Gutes!)

Danke für all die Begegnungen am heutigen Tag.

Danke für alles Schöne, was ich heute erleben darf.

Danke für alle Erfahrungen und Prüfungen, die heute auf mich zukommen.

Danke für die Kraft, dass ich mich immer erinnern kann, was wirklich wichtig im Leben ist.

Danke für die mystischen Momente und die spirituellen Lichtblicke.

Danke, dass ich meine Berufung kennen darf.

Danke, dass die geistige Welt an meiner Seite ist.

Danke, dass ich geliebt bin.

Meditation
Im Garten der Liebe

Wahre Liebe hat ihren Sitz im Herzen.
Dein Herz ist ein Ort,
wo alles wachsen und entstehen kann.
Über das Herz
bist du mit der gesamten Schöpfung verbunden.

Stelle dir vor, dass dein Herz ein wunderschöner Garten ist, ein Garten der Liebe und Einheit. Du spürst die Fülle und die Fruchtbarkeit. Du darfst einfach sein und in der Zeitlosigkeit verweilen.

Öffne dein Herz, damit du mit der Schönheit deines Gartens in Beziehung treten kannst. Du spürst die Gegenwart der Liebe. Die Liebe ist nicht etwas, wonach du suchen musst. Die Liebe wächst aus sich selbst heraus wie eine Blume, die sich am Morgen öffnet, wenn sie die ersten Sonnenstrahlen erblickt.

Fühle auch du die Sonne, wie sie in deinem Herzen aufgeht und dich erwärmt. Fühle, wie dieses Licht dir und deinem Garten die Energie gibt, die ihr braucht, um zu wachsen. Der Garten deines Herzens erstrahlt im Licht des Morgens in allen Farben. Die Pflanzen sind vom feinen Regen der Nacht genährt, die Erde duftet, die Pflanzen duften, und ein Windhauch streicht sanft über die Pflanzen hinweg und berührt auch dich.

Du siehst den Garten und du weißt, dass du eine Blume nicht zum Blühen bringen kannst, wenn sie nicht will. Du kannst auch nicht erzwingen, dass die Liebe in dein Leben tritt. Aber du kannst zur Gärtnerin und zum Gärtner werden und lernen, alles zu pflegen und zu schützen, was bereits an Schönheit und Fülle in deinem Garten vorhanden ist. Erfreue dich an allem, was du schon hast!

Bedanke dich bei den Pflanzen. Danke der Erde, danke dem Regen, danke dem Wind und danke der Sonne! Wenn du das, was in deinem Garten bereits wächst und blüht, lobst und liebst, wird dein Garten immer gesünder, schöner und üppiger werden. Und dann kann auch die Blume, nach der du dich so sehnst, in deinem Garten erscheinen und wachsen und erblühen...

Schlüssel 7

Gottvertrauen ist der Schlüssel zu Heilung und Frieden

Wie Dankbarkeit, so ist auch Gottvertrauen ein Ausdruck der wahren Liebe. Gottvertrauen ist jedoch ein eigener Schlüssel, weil diese Eigenschaft gerade in der heutigen Zeit so wichtig ist. Das Gottvertrauen hilft uns, in der Liebe und in der Dankbarkeit zu bleiben, und gleichzeitig ist Gottvertrauen auch der Schlüssel zu Heilung und Frieden. Über die Kraft des Gottvertrauens können wir unsere eigenen Verletzungen und Schattenanteile heilen und inneren Frieden finden, aber es geht hier auch um Heilung und Frieden in der ganzen Welt. Gerade beim konkreten Ziel von Heilung und Frieden zeigt sich, wie unsere innere und die äußere Welt zusammenhängen.

Die innere Heilung beginnt dadurch, dass die Spaltungen in dir, die Trennung der inneren weiblichen und männlichen Kraft, sich immer mehr ausbalancieren, wodurch ein innerer Friede entsteht. Der heilige Raum deines Herzens wird immer mehr aus dir heraus strahlen wie eine Sonne. Dein reines Licht der Liebe erstrahlt auf dem kristallenen Thron deines Herzens und erscheint durch das Prisma dieses Kristalls hindurch in den Regenbogenfarben von Dankbarkeit, Freude, Kraft, Hingabe, Kreativität, Empathie und Gottvertrauen. Wie auch immer wir diese sieben Strahlen bezeichnen, Gottvertrauen in der einen oder anderen Form ist immer eine entscheidende Eigenschaft. «Dein Glaube hat dich geheilt», sagte Jesus zu den Geheilten, und dieser Glaube ist das Gottvertrauen. Gottvertrauen ist nicht einfach Hoffnung oder ein «Schauen wir mal», sondern die Überzeugung im Herzen, dass Co-Kreation mit der geistigen Welt möglich ist und dass das Gute letztlich siegen wird.

Doch wenn du schaust, was auf der Erde geschieht, fragst du dich wahrscheinlich, wie es möglich sein soll, Frieden und Gerechtigkeit zu finden. Es ist für uns Menschen nicht immer einfach, an das Gute zu glauben. Wie können wir im Gottvertrauen bleiben?

Dankbarkeit, Gottvertrauen und Selbstvertrauen

Die göttliche Liebe ist bedingungslos, so wie die Sonne auf alle Menschen scheint. Aber auch unsere Liebe sollte nicht an Bedingungen und Erwartungen geknüpft sein, ebenso unsere Dankbarkeit nicht. Wie in Schlüssel 6 erwähnt, können wir dankbar sein für das, was wir uns wünschen, auch wenn es noch nicht eingetroffen ist. Im Ablauf von Ursache und Wirkung wird diese Dankbarkeit zu einer neuen Ursache, die etwas Neues bewirkt, und zwar etwas, das ohne diese Dankbarkeit nicht in dein Leben gekommen wäre. Oder noch rätselhafter ausgedrückt: Mit der Dankbarkeit nehmen wir die Wirkung vorweg, sodass sich dann die Ursachen entsprechend fügen. Die Grundhaltung hierbei ist immer die Dankbarkeit und nicht ein berechnendes Verhalten des Egos, das unbedingt etwas will. Im Gegenteil, es kann geschehen, dass wir nicht genau das bekommen, was wir uns gewünscht haben, sondern das, was unserem Seelenplan dient.

Hier wirkt eine höhere Intelligenz, die alle Lebenswege und Ereignisse steuert, und wir wissen, dass diese höhere Intelligenz alle Ursachen koordiniert. Dieses Wissen ist der Glaube, der uns heilt und Frieden bringt, und das ist Gottvertrauen. Wir müssen nichts erzwingen und keine Gewalt anwenden. Dann erst bekommen wir das, was uns wirklich weiterhilft.

Dieses Gottvertrauen ermöglicht auch ein echtes Selbstvertrauen. Selbstvertrauen bedeutet nicht ein arrogantes und siegesgewisses Auftreten. Selbstvertrauen ruht in Gottvertrauen, im Wissen, dass ich immer verbunden bin. Es gibt so viele Zusammenhänge und Ursachen, die ich nicht sehe und nicht verstehe, aber ich darf vertrauen, dass im Licht meiner Dankbarkeit alles so kommen wird, wie es auch für mich selbst am besten ist – selbst wenn ich erst später verstehe, warum es für mich am besten war.

Der Schatten kann nur imitieren

Alle sprechen von Heilung und Frieden, auch diejenigen, die Kriege führen und Gewalt anwenden. Sie alle meinen, sie würden dem Guten dienen. Die Schattenkräfte kommen und sagen: «Ich bin dein Freund. Vertraue mir. Ich bringe dir Heilung und Frieden.» Sie sprechen wie die Kräfte des Lichts, und das oftmals mit sehr schönen Worten. Sie imitieren das Licht, denn Schatten können nur imitieren. Mit der Herzintelligenz können wir erkennen, dass verschiedene Quellen dieselben Worte verwenden, aber nicht demselben dienen und nicht dasselbe wollen. Und dieser Herzintelligenz dürfen wir vertrauen. Auch hier können wir im Voraus danken, dass wir dann, wenn es wirklich darauf ankommt, erkennen werden, was aus dem Licht kommt und was nicht. Mit dieser Dankbarkeit stärken wir schon jetzt die Herzintelligenz.

Verzeihen und Segnen dank Gottvertrauen

Wir haben einen freien Willen und damit Verantwortung. Wir sind verantwortlich für das, was wir tun. Nicht alles ist vorausbestimmt. Wir können immer im Hier und Jetzt mit dem freien Willen neue Ursachen setzen. Wenn wir nicht mit der Quelle verbunden und im Gleichgewicht sind, werden wir Ursachen setzen, die Leid und Unrecht verursachen.

Wenn uns Unrecht geschieht, können wir zurückschlagen und Gleiches mit Gleichem vergelten. Aber das ist ein Teufelskreis, der immer wieder Gleiches nach sich zieht. Diese Kettenreaktion können wir durch das Verzeihen durchbrechen. Verzeihen heißt nicht, dass wir das geschehene Unrecht gutheißen, sondern dass wir es loslassen. Natürlich gibt es Situationen, in denen es erforderlich ist, dass wir unsere Rechte verteidigen und die Täterperson konfrontieren. Aber auch hier macht es einen großen Unterschied, ob wir es aus Hass und Rache machen oder ob wir einfach dem Recht und der Wahrheit dienen wollen. Verzeihen bedeutet, dass wir in Gottvertrauen handeln. Wir überlassen die Situation und die Täterperson der höheren Gerechtigkeit. Und mehr noch: Wir wünschen dieser Person alles Gute! Wir segnen sie ... und segnen damit uns selbst.

Gottvertrauen bedeutet: «Ich bin nicht der Richter und ich will keine Rache. Ich vertraue auf Gott und die höhere Gerechtigkeit. Ich glaube an Heilung und Frieden.»

Spürst du, welche Erleichterung das ist?

Erkennst du, warum das der Schlüssel zu Heilung und Frieden ist?

Übung
Strahle dein Licht in die Schattenanteile

Immer wieder geschieht es, dass Menschen dich beleidigen oder verletzen. Auch du beleidigst oder verletzt manchmal andere Menschen, obwohl du es nicht willst und nicht so gemeint hast – so wie auch die anderen es meistens nicht so gemeint haben und glaubten, recht zu haben.

Betrachte diese andere Person als ein vielschichtiges Wesen und reduziere sie nicht auf das, was sie gerade sagt oder macht. Identifiziere dich nicht mit dieser Situation.

Stelle dir vor, dass in deinem Herzen ein starkes Licht ist, und visualisiere, wie dieses Licht ein Scheinwerfer wird.

Richte diesen Scheinwerfer still und sanft auf den Menschen, der dich angreift oder von dem du dich angegriffen fühlst. Du musst ihn nicht mögen und nach Hause einladen. Konzentriere dich nicht auf deine Emotionen. Schalte sie für diesen Moment aus und bleibe ganz beim Licht, das aus deinem Herzen strahlt. Was auch immer der Mensch, um den es geht, sagt und tut, du strahlst ihn einfach an, jedoch ohne mit dem Strahl mitzufließen. Du bleibst in deinem Körper und in deinem Herzen.

Du weißt, dass auch dieser Mensch ein multidimensionales Wesen ist. Alles, was er sagt und tut, kommt nicht direkt von seinem höheren Wesen, sondern von seiner menschlichen Persönlichkeit. Also da sind zwei vor dir: der Mensch als lichtvolles Wesen und die Persönlichkeit, mit der er sich identifiziert. Wenn wir uns nicht mehr direkt mit dem Gesagten identifizieren und diese fremden Gedanken durchschauen, passiert etwas sehr Interessantes. Der Mensch, der dich angreift, spürt auf einmal, dass seine Worte nicht mit seinem Wesen und Herzen übereinstimmen. Er wird unsicher und wiederholt sich vermehrt oder beginnt, auf einmal auch dich zu spüren und wahrzunehmen. Es zeigten sich die Schattenanteile seiner Persönlichkeit, die er abgetrennt und verdrängt hatte. Aber Schattenanteile können durchlichtet werden.

Schatten brauchen Schatten, um stark zu sein. Das Licht kann aus sich selbst heraus strahlen. Deshalb ist es wichtig, dass du diesen Menschen vom Herzen her nicht ablehnst, gleichzeitig aber diesen fremden Gedanken standhaft begegnest und sie durchschaust und ihnen keine Kraft gibst. Wenn dir das gelingt, fühlst du einen neu erfahrenen Selbstwert und eine göttliche Kraft, die deinen Körper und Emotionalkörper durchfluten. Die negative Energie kann dich dann nicht mehr erreichen. Sie muss zurückweichen, weil du sie durchschaut hast, ohne dich und den anderen Menschen abzulehnen. Du identifizierst dich mit deiner Essenz in dir, und dort spürst du, dass es eine Kraft in dir gibt, die viel stärker ist als alle Schmerzen, die du erlebt hast. Du erkennst, dass jeder Schatten eine Einladung an das Licht ist. Jeder Schmerz ist ein Vakuum, das durch die Liebe aus deinem Herzen erfüllt werden kann. Dies ist ein heiliger Raum. Etwas Unzerstörbares. Heiliges. Ewiges. Wenn du in diesem heiligen Raum weilst, kannst du den Schmerz einladen, ihm in die Augen schauen und erkennen, dass auch dieser Schmerz ein geistiger Helfer ist, weil er dich lehrt, deine tiefsten Schatten aus der Kindheit oder aus deinen inneren Bilderwelten, die noch weiter zurückreichen, zu verstehen und anzunehmen. Wie vergessene Kinder, die zurückfinden zum Licht, denn sie waren immer Kinder des Lichts, auch als sie im Schatten waren. Denn das Licht ist immer da...

Meditation
Dreieinigkeit

Bitte setze oder lege dich bequem hin und entspanne deinen Körper. Mit jedem Atemzug entspannst du dich mehr und mehr. Lass sanft alle Gedanken des Alltags los. Mit jedem Atemzug entspannst du dich noch tiefer. Du fühlst den Stuhl, auf dem du sitzt, oder die Unterlage, auf der du liegst. Du bist gut verankert und fühlst dich sicher und geborgen.

Stelle dir vor, dass du in der Natur bist, an einem Platz, der dir sehr gefällt und den du als wunderschön empfindest. Betrachte diesen Ort und spüre ihn mit jedem Atemzug. Nimm dir Zeit, ganz an diesem Ort anzukommen. Du fühlst dich hier sicher und geborgen.

In deinem Herzen spürst du Freude, hier zu sein. Schaue dich um. Berühre, fühle, rieche alles, was du wahrnimmst. Jeder von uns ist einzigartig, und so nimmst du diesen Ort auf deine ganz eigene Weise wahr.

Der Ort ist dir bekannt, du spürst Licht und Liebe. Lasse dieses Licht und die Liebe durch deinen Körper strömen, in jede deiner Zellen ... bis in dein Herz. An diesem Ort spürst du eine große Liebe zur Natur. Du dankst der Erde, dass du hier an diesem Ort sein kannst.

Spüre, wie die Liebe zwischen dir und der Erde fließt und euch mit dem Wasser des Lebens erfüllt. Die Liebe von Mutter Erde durchströmt die ganze Natur und auch dich. Du spürst diese Liebe in großer Dankbarkeit, und auch die Erde ist dankbar. Sie dankt der göttlichen Quelle, die alles hervorgebracht hat, den ganzen Kosmos und auch dich. Sie dankt in ihrem Namen und in deinem Namen. Und sie ist verbunden mit dem Himmel. Mutter Erde und Vater Himmel. Sie sind Mutter und Vater für dich und die ganze Natur, und sie sind Geliebte und Geliebter. Der Himmel umarmt die Erde und die Erde tanzt mit dem Himmel.

Mit deinem inneren Auge blickst du nun in den nächtlichen Sternenhimmel. Die Sterne leuchten hell und klar am dunkelblauen Himmel. Die Milchstraße leuchtet. Du spürst die Tiefe des Weltraums in dir. Du siehst den Mond und die nahen Planeten und spürst ihr Licht. Im Mond siehst du das Licht der Sonne, und du weißt: Alles Licht kommt aus der Quelle.

Spüre, wie die Liebe zwischen dir und dem Himmel fließt und euch mit dem Licht des Lebens erfüllt. Du verweilst in diesem Licht. Die Liebe des Himmels trägt Mutter Erde, die ganze Natur und dich. Du spürst diese Liebe in großer Dankbarkeit, und auch der Himmel ist dankbar. Er dankt der göttlichen Quelle, die alles hervorgebracht hat, den ganzen Kosmos, die Erde und dich.

Dein Herz ist ganz frei ... frei und liebend ... lass die Dankbarkeit in dir fließen ... die Dankbarkeit, dass auch dein Vater dich unendlich liebt und für dich da ist.

Du bist ein Kind der Erde und ein Kind des Himmels. Du und der Himmel und die Erde, ihr strahlt in einem wunderschönen Bild. Verinnerliche dieses Bild, sodass du dich immer daran erinnern kannst.

In dieser Verbundenheit des lebendigen Seins seid ihr die himmlisch-irdische Dreieinigkeit: die göttliche Mutter, der göttliche Vater und du, das göttliche Kind, allesamt vereint in reiner, immer präsenter Liebe.

Dies ist ein heiliger Moment … Das ist das göttliche Ich Bin … Du bist im Sein und nimmst diese starke Heilkraft in dich auf – atme sie in jede Zelle deines Körpers.

Du wirst dir der Vereinigung aller kosmisch-göttlichen Kräfte bewusst … fühle diese Kräfte in dir … mit jedem Atemzug. Atme wieder bewusst ein und aus. Du bist immer noch an deinem Lieblingsplatz in der Natur … genieße es und verweile dort, solange du möchtest …

Lasse dir Zeit … und dann, wenn es für dich richtig ist, kommst du wieder in dein Tagesbewusstsein zurück. Du fühlst den Stuhl, auf dem du sitzt, oder die Unterlage, auf der du liegst. Du bist gut verankert und fühlst dich sicher und geborgen.

Sei dir auch jetzt bewusst, dass du unendlich geliebt bist. Himmel und Erde lieben dich, und ihre Liebe erinnert dich an die ewige und bedingungslose Liebe deiner ursprünglichen Eltern, Gott als Mutter und Vater. Das strahlende Licht, das euch verbindet und in euch strahlt, ist unendlich und ist immer in präsenter Liebe in dir, du wundervolles Lichtwesen.

Schlüssel 8

Selbsterkenntnis und Selbstfindung – Mut zum authentischen Fühlen

Es wird immer spürbarer, wie sehr unsere persönliche Entwicklung und Heilung mit der Heilung des Kollektivs verbunden ist, so wie auch wir als Einzelpersonen mit größeren Einheiten verbunden sind: mit der Menschheitsfamilie und auch mit der geistigen Familie, d.h. mit unseren nicht-inkarnierten Schwestern und Brüdern in der geistigen Welt und in den irdischen Paralleldimensionen. Bei Letzteren wird oft auch der Begriff Sternenfamilie verwendet. Dies sind die Licht- und Schöpferwesen, die direkt mit der Entwicklung der Erde verbunden sind. Sie und wir alle sind Teil eines multidimensionalen Kosmos.

Indem wir diese Schlüssel zur Co-Kreation in unserem Leben anwenden, schaffen wir für uns den Boden für eine erweiterte Verbindung mit der geistigen Welt. Unser energetisches System muss vorbereitet werden, damit es feinstoffliche Energien besser wahrnehmen kann. Gleichzeitig muss es auch geerdet sein. Wenn unser energetisches System mit der geistigen Welt und mit der Erde verbunden ist, werden wir zu Menschen, die Himmel und Erde verbinden! Und der Schlüssel hierzu ist das authentische Fühlen.

Authentisches Fühlen als Schlüssel zu heilsamen Beziehungen

Unser gesamtes Leben besteht aus Beziehungen. Wenn wir den Mut aufbringen, authentisch zu fühlen, können wir heilsame Beziehungen leben, sowohl in einer Partnerschaft als auch in Freundschaften und in der Familie sowie in allen anderen Beziehungen. Zugleich ist dieser Weg auch das Tor zu den geistigen Welten und zu unserer Sternenfamilie (das wird Thema von Schlüssel 9 sein). Wenn wir uns tief auf unsere Gefühle einlassen, bringt uns dies Heilung und Segen.

Heilende Beziehungen zeigen sich dort, wo sich Menschen im Kraftfeld dieser Beziehung wohl fühlen.

*Heilende Beziehungen strahlen immer Liebe und Kraft aus und geben anderen Menschen in diesem Kraftfeld ein Gefühl von Angenommensein.
Dadurch entsteht ein gehaltener Raum voller Mitgefühl und authentischem Sein.*

Wir haben unterschiedliche Wege und Möglichkeiten, diese Form der Beziehungen zu lernen und zu erfahren. Wir können durch Erfahrungen mit den höheren Welten und durch die Führung der Lichtwesen (innere Führung, Schutzengel, geistige Begleiter) diese Liebe in unseren Emotionalbereich strahlen lassen, und wir können durch meditative Einstimmung in unser Seelenlicht Tiefe finden in Beziehung zu uns selbst und zu den anderen Menschen. Ein wichtiger Aspekt dabei ist das Erweitern und Schulen unserer Gefühle. Das wichtigste bei all diesen möglichen Wegen ist, dass wir die Liebe auf allen Ebenen erfahren und zum Ausdruck bringen.

Beziehung fängt in erster Linie immer bei uns selbst an. Um heilsame Beziehungen zu leben, brauchen wir Mitgefühl, Barmherzigkeit und liebevolle Werte. Bei einem wissenschaftlich und eher materialistisch geprägten Weltbild geraten diese Werte leicht in den Hintergrund, weil der Mensch aus dieser Sicht als «Biocomputer» gesehen werden kann. Wir versuchen dann, immer schneller und immer «besser» zu werden, statt auf unser Herz zu hören und zu spüren, was wir wirklich für unseren Seelenweg brauchen, um erfüllt und glücklich zu sein.

*Eine heilende Beziehung zu sich und anderen
ist wie ein Lichtstrahl:
Ein klares reines Licht, das in uns und in die Welt strahlt.
Ein Feld der Wärme und des Gehaltenseins.
Ein Feld der Ehrlichkeit und Transparenz.
Ein Feld der tiefen Erkenntnis in den eigenen
Seelenweg und die eigene Bestimmung
sowie des Respekts vor dem Seelenweg des Anderen.*

Ein Feld, in dem wir uns nicht aufopfern für andere, sondern uns in Liebe schenken, weil wir dies wollen – aus tiefer Liebe und Verbundenheit mit uns selbst und der göttlichen Kraft.

Als ich als junges Mädchen eine Nahtoderfahrung hatte, hat mir die Stimme in meinem Herzen gesagt: «Gehe zurück zu den Menschen. Sei ein leuchtendes Beispiel für die Menschen. Auch wenn sie eine andere Meinung haben oder nicht dem entsprechen, was du dir vorstellst, lasse sie nicht fallen und verweigere niemandem, der kommt und bittet, die Tür. Sei hilfsbereit denen gegenüber, die deine Hilfe suchen. Doch schwäche dich nicht, wenn Menschen deine Liebe nicht wollen oder sie sogar bekämpfen. Sei ehrlich und aufrichtig in deinen Gefühlen, auch wenn es andere in dem Moment verletzt, und sie deine Ehrlichkeit vielleicht nicht annehmen können und mit Ablehnung reagieren. Nimm es einfach an und vertraue, dass auch sie sich im Licht verwandeln können, bete einfach für sie und übergib es Gott und deiner Sternenfamilie.»

Liebe ist mehr als Emotionen

Liebe ist in unserer Welt vielmals gekoppelt an Erwartungen. Wenn wir von den anderen nicht das bekommen, was wir wollen, ziehen wir unsere Herzstrahlen zurück. Wir machen Liebe abhängig von dem, was wir denken und erwarten. Diese Liebe ist abhängig von vielen Forderungen und ist deshalb keine wahre Liebe.

Wahre Liebe ist das, was wir aus der göttlichen Quelle empfangen und was uns mit dieser Quelle verbindet. Wenn wir nicht in dieser Liebe sind, sind wir von der Quelle getrennt und suchen überall nach Ersatz. Für diese Liebe gibt es jedoch keinen Ersatz. Die wahre Liebe leuchtet mit vielen Lichtstrahlen in unsere Welt hinein. Dieses Licht können wir nicht mit dem eigenen Willen steuern und nicht aus unserem Ego heraus erzwingen.

Liebe wird oft mit Emotionen verwechselt. Aber Liebe ist viel mehr als nur ein Feuerwerk von Emotionen. Wir können fühlen, was Liebe ist, wenn wir Gefühle nicht mit Emotionen verwechseln. Und dieses authentische Fühlen können wir trainieren. Wir können alles trainieren, auch die Liebe! Wenn wir authentisch fühlen, folgen wir der Stimme des Herzens und bleiben stark in der Liebe, so dass wir nicht von den Wellen der Emotionen getrieben werden. Wir können sogar sagen:

In der Emotion ist die Illusion,
im authentischen Fühlen die Intuition.

Die Intuition fließt aus der Liebe, der göttlichen Quelle, zu uns und wir können lernen, sie immer mehr wahrzunehmen.

Indem wir die eigene Herzintelligenz erweitern, heben wir die persönliche Schwingungsfrequenz, was auch unser Bewusstsein verändert. Ich nenne dies «Bewusstseinswandel durch das Herz». Ein solcher Bewusstseinswandel hilft uns, die Ereignisse aus einer erweiterten Perspektive zu sehen, und führt zu einer multidimensionalen Wahrnehmung. Dadurch, dass wir unsere eigene Schwingungsfrequenz erhöhen, dienen wir auch den anderen Menschen, den Tieren, der Natur und der ganzen Erde.

Die Multidimensionalität unserer Existenz

Ich möchte dich auf eine Reise mitnehmen: eine Reise durch die verschiedenen Ebenen unseres Daseins, damit wir die Multidimensionalität unserer Existenz erkennen und erleben können. Dann wird auch klar, was der Unterschied zwischen Emotionen und Gefühlen ist. Am Schluss dieses Schlüssels findest du eine Übung, die ich für dieses geistige Training entwickelt habe. Denn nur wenn wir empfänglich sind und die «Leitung freischalten», kann die geistige Familie durch uns wirken und können wir mit ihr zusammenarbeiten.

Unsere multidimensionale Existenz umfasst sieben Körper:

1) der physische Körper

2) der Ätherkörper, auch Vitalkörper genannt

3) der Emotionalkörper (die Ebene der mental projizierten Gefühle)

4) der Mentalkörper (die Ebene der projizierten Gedanken): zusammen mit dem Emotionalkörper bildet der Mentalkörper das untere morphogenetische Feld

5) der Spirituelle Körper (Kausalkörper), das obere morphogenetische Feld (die Ebene des Denkens und Fühlens, die nicht mental projiziert wurde; das «Weichenstellen» der Bewusstseinsausrichtung, die «Drehbuch»-Ebene, Bewusstsein, dass wir geistige Wesen sind)

6) der Lichtkörper (Elohim-Körper, Lichtwesen-Identität, Sternenfamilie)

7) der göttliche Körper (der ewige Körper): Monade, Atman, Seele. Das ist unser wahres Sein: das, was wir wirklich sind, in unserer Essenz, in unserem Ursprung, ewiglich und immer im Hier und Jetzt. Das ist unsere göttliche, nicht-materielle Identität. Alle anderen sechs Ebenen sind Schöpfungsebenen und Ebenen der materiellen Verdichtung.

Die Zahl Sieben finden wir auf unterschiedlichen Ebenen der Physik und der Symbolik. Wenn wir zum Beispiel einen Kristall vor eine Fensterscheibe hängen und die Sonne in einem speziellen Winkel durch den Kristall scheint, bricht sich das Licht in die sieben Spektralfarben. Ebenso haben wir sieben Körper und sieben Haupt-Chakren: Wurzel-, Sakral-, Solarplexus-, Herz-, Hals-, Stirn- und Kronen-Chakra. Die meisten spirituellen Schulen der Welt sprechen auch von sieben Körpern.

In unserer Gesellschaft, die sich weitgehend auf das materielle Denken beschränkt, wird der physische Körper oft überbetont. Dies zeigt sich zum Beispiel in der Werbung, wo vorgegeben wird, wie man als Frau und als Mann auszusehen hat, welche Kleider und Produkte man verwenden soll, und wie man sich zu verhalten habe. Auch Gesundheit und Persönlichkeit werden über den Körper und körperbezogene Kriterien definiert, wie Erfolg, «Schönheit», «Ausstrahlung» usw. Aber sogar ein gesunder Lebensstil, gesunde Ernährung und viel Bewegung reichen nicht aus, um unser System freizuschalten, damit genügend Licht einfließen kann. Nur wenn wir uns als ganzheitlichen Menschen verstehen, können wir uns dem Göttlichen öffnen und damit genügend Licht aufnehmen. Und das ist nicht von einem «optimalen» physischen Körper abhängig. Das zeigen uns Menschen, die eine körperliche Behinderung oder Krankheiten haben und trotzdem in Lebensfreude und Zufriedenheit leben. Ihr physischer Körper mag mit Problemen behaftet sein, aber diese Menschen haben einen schönen Emotionalkörper. Dann wiederum gibt es Menschen, deren physischer Körper «perfekt» aussieht, deren Emotionalkörper aber sehr unausgeglichen ist. Rein äußerlich betrachtet, wissen wir nicht, wie sehr ein Mensch in seiner Ganzheit lebt.

Einblicke in die verschiedenen Körper

Ganzheitliches Bewusstsein bedeutet, dass wir unsere Essenz als geistige Wesen wahrnehmen, wodurch es uns möglich wird, immer mehr aus unserer Ganzheit heraus zu leben. Wenn wir uns nur über den physischen Körper definieren, leben wir nicht in einem ganzheitlichen Bewusstsein. Dies gilt auch für die Wissenschaften, die Medizin, die Psychologie und die Religionen. Ich möchte betonen, dass die folgenden Beschreibungen auf meinen subjektiven Wahrnehmungen beruhen; ich sehe die Strukturen der Energien, die Dichte, die Konsistenz, die Durchlässigkeit, das Volumen und übersetze sie in Formen und Bilder.

Im physischen Bereich ist es klar: Wir sollten auf einen gesunden Lebensstil achten, der zu uns passt. Dazu gehören eine gesunde Ernährung und eine liebevolle Beziehung zum Körper, ebenso möglichst viel Bewegung an der frischen Luft. Wir sollten auf den Körper hören, wann er Aktivität und wann er Entspannung und Erholung braucht.

Der Ätherkörper ist der Vitalkörper, der den ganzen physischen Körper durchdringt und bis zu rund 20 cm über den physischen Körper hinausgeht. Bei einem gesunden Menschen ist der Ätherkörper silbrig-weiß und relativ groß. Wenn die Gesundheit angeschlagen ist, ist er leicht gräulich und etwas kleiner. Wenn ein Mensch sehr krank ist, fühlt sich dieser Körper wie verklebt an, er ist «geschrumpft» und hat Dellen.

Wir können den Ätherkörper in Schwung halten, indem wir ihn über unseren Atem immer wieder vitalisieren, zum Beispiel fünf Mal pro Tag bewusst mit langen Atemzügen durch die Nase ein- und ausatmen. So massieren wir den Ätherkörper. Wir können den Ätherkörper auch stimulieren, indem wir uns während fünf Minuten mit dem Rücken an einen Baum lehnen. Wenn wir dies bewusst tun, können wir spüren, wie die Lebensenergie (Prana) die Wirbelsäule hinauffließt und eine Zirkulation erzeugt.

Der Emotionalkörper ist – aus unterschiedlichen Gründen – die größte Herausforderung für uns Menschen. Ursprünglich kommen wir, als geistige Wesen, aus Lichtwelten, also Welten ohne Spaltung und Trennung und damit auch ohne Projektionen. Jedes Wesen strahlt ganz natürlich aus sich selbst heraus. Deshalb ist es für uns eine sehr große Herausforderung, in einer Welt zu inkarnieren, die stark verdichtet ist und entsprechende Körper mit sich bringt. Der Emotionalkörper und der Mentalkörper sind feinstoffliche Projektionsebenen, vergleichbar mit der Leinwand in einem Kino, auf die unterschiedlichste Filme projiziert werden: Hier erleben wir Freude und Leid, Schmerz und Spannung, Tragödien und Komödien, usw. Diese projizierten Emotionen sind sehr intensiv und wirken direkt auf uns ein, weshalb die Gefahr besteht, dass wir diese Emotionen von den höheren Ebenen abtrennen. Dann verlieren wir uns in diesen Emotionen und bewerten sie, wir bauschen sie auf oder unterdrücken sie. Auf den projizierten Ebenen sind wir diesen Emotionen ausgeliefert, so wie wir im Kino den Film nicht ändern können. Die Geschichten unserer Filme werden nicht auf der «Leinwand», sondern auf der Kausalebene geschrieben, weshalb diese Ebene auch so heißt (abgeleitet vom lateinischen Wort *causa*, «Ursache»). Auf der Kausalebene bestimmen wir mit unseren Entscheidungen und mit der Ausrichtung unseres Bewusstseins, was wir in unserem Mental- und Emotionalkörper erleben und damit auch in der äußeren Welt.

Weil wir in unserer Welt immer mit unseren Projektionen konfrontiert werden und wir durch sie Trennung, Schmerz, Ängste usw. erleben, kann es geschehen, dass wir diese Emotionen vermeiden wollen. Deshalb sehen wir in vielen Bereichen unserer Gesellschaft Gefühllosigkeit, mangelnde Rücksicht und Egoismus, was in verschiedene Extreme führt, wie große Gewalt und Eskalationen oder die vielen Gewaltdarstellungen in der «Unterhaltung».

Deswegen schrieb ich vorhin, dass der Emotionalkörper die größte Herausforderung für uns Menschen ist. Es ist nicht einfach, Gefühle zuzulassen und mit Emotionen umzugehen. Jeder Mensch, der Gefühle unterdrückt, hat unterschiedliche Gründe dafür. Uns wird beigebracht, dass Fühlen etwas Schwieriges oder sogar eine Schwäche sei. Es ist einfacher, sich unterhalten und ablenken zu lassen, als wirklich zu fühlen. Dann fällt es uns sogar schwer, positive Gefühle zu fühlen, wie zum Beispiel Liebe, da sofort der Gedanke der Angst da ist, verlassen und verletzt zu werden.

Ohne authentisches Fühlen können wir die Essenz nicht mehr spüren. Man sagt sich dann: «Lieber keine Gefühle als solche negativen Gefühle.» Aber Gefühle sind keine Gefahr oder Schwäche, Gefühle sind ein Schlüssel zur geistigen Welt!

Mut zu authentischem Fühlen

Gefühle sind in der Essenz immer eine reine Energie, selbst wenn sie in der Projektion eine Form annehmen, die wir als negativ bezeichnen würden, wie Wut, Hass, Eifersucht usw. Wenn wir Gefühle unterdrücken und einen Gedanken auf sie «kleben», das heißt, sie mit Gedankenmustern, Vorstellungen, Ängsten usw. verbinden, werden sie zu problematischen Emotionen, die in uns gären. Gerade in esoterischen und religiösen Kreisen ist mir aufgefallen, dass solche Gefühle vielmals unterdrückt werden, weil sie als negativ und «unspirituell» bewertet werden. Man gibt sich nicht zu, dass man auch diese Gefühle in sich hat, und erst durch diese Selbsttäuschung werden Wut, Hass, Eifersucht usw. zu negativen Emotionen. Das ist sehr gefährlich, weil wir dann im Geistigen diese unterdrückten Strukturen nicht sehen und dadurch manipuliert werden können oder uns selbst negativ programmieren, ohne es zu merken.

Es ist wichtig, dass wir lernen,
mit jedem Gefühl richtig umzugehen,
um die positiven Potenziale zu entfalten.
Jedes Gefühl, das wir in der Ganzheit fühlen,
ist in seiner Essenz eine Kraftquelle
und führt uns in bedingungslose Liebe

Wir sind immer in den Emotionen, wenn wir glauben, die Ursache für unser Fühlen sei im Außen. Wir fühlen uns dabei vielleicht nicht angemessen behandelt, nicht beachtet, angegriffen usw. Wir projizieren dann unsere Emotionen auf das Außen und verbinden sie mit unseren Gedankenmustern, Wertungen und Gewohnheiten, die wir aus früheren Erlebnissen bereits kennen. Emotionen entstehen aus solchen Projektionen oder aus unterdrückten Gefühlen. Sie haben die Tendenz zu unguten, affektiven Reaktionen und führen oft in eine Abwärtsspirale. Erst eine Objektivierung, ein Sich-Zurücknehmen, eine Verbindung mit unserer göttlichen Essenz kann diese Spirale wenden. Und wir werden wieder frei für unsere authentischen Gefühle.

Verbinden wir uns mit unserem inneren Licht und zentrieren uns darin, sind wir immer bei uns und nehmen das, was uns im Außen begegnet, im Herzen als authentische Gefühle wahr, als echte Trauer, Liebe oder Freude.

Das Spektrum der Gefühle und ihre Transformation in die reine Essenz

Gefühle existieren in einem breiten Spektrum, vom scheinbar negativen Pol bis zum positiven Pol. Wir können dieses Spektrum auch mit den Tasten eines Klaviers vergleichen, und jede Gefühlskategorie ist eine Oktave unserer Gefühlsmusik. Ich unterscheide fünf Kategorien oder Oktaven: Trauer, Wut, Eifersucht, Glück und Liebe-Gefühle.

Ein weiterer starker Faktor ist die Angst. Angst ist kein Gefühl, sondern ein Instinkt, aber passt dennoch hierher, weil Angst vielmals als Feind gesehen wird.

Die Herausforderung besteht darin, dass wir lernen, mit diesen Kräften auf der Mental- und Emotionalebene richtig umzugehen. Wenn wir unsere Gefühle fühlen und darin authentisch sind, transformieren wir noch unerlöste Gefühle aus dem unteren morphogenetischen Feld in die reine Essenz des Gefühls des oberen morphogenetischen Feldes und wir erwachen in die lebendige Fülle der unbedingten Liebe. Darin liegt ein Prozess der Selbsterkenntnis, des immer feineren Wahrnehmens und der Übung im Fühlen, wie es in der Übung „Transformation der Gefühle – Gefühlsmuskel-Training" auf der Seite 191 gegeben ist.

Wer die *Wut* in sich annimmt, kann sie dadurch transformieren und in Stärke verwandeln. Wer sie unterdrückt, wird zum Spielball der Wut. Wenn wir Wut empfinden und sie dann aus unserer inneren Fülle heraus fühlen («heiliger Zorn»), spüren wir Feuer und Kraft, wir spüren Durchsetzungskraft, um etwas realisieren und materialisieren zu können. Menschen, die Wut unterdrücken oder auf eine impulsive Weise ausleben, ersticken oder missbrauchen ihr inneres Feuer, was dazu führt, dass diese Energie destruktive Formen annimmt, die sich gegen sie selbst und gegen andere richtet (unteres morphogenetisches Feld). Die reine Essenz von Wut ist: Willensstärke, Lebensenergie, Durchsetzungskraft, Selbstvertrauen (oberes morphogenetisches Feld).

Wenn wir *Eifersucht* unterdrücken, haben wir immer das Gefühl, im Mangel zu sein und etwas nacheifern zu müssen. Wenn in uns Eifersucht hochkommt und wir dieses Gefühl akzeptieren, um es dann aus unserer inneren Fülle heraus zu fühlen, wird dieses Gefühl mit Licht erfüllt, und wir können es als Kraftquelle nutzen. Eifersucht verwandelt sich in Bewunderung. Wir erkennen die andere Person in ihrer Größe und Besonderheit, sie wird zu einer Inspiration und zu einem positiven Spiegel für uns selbst. Die reine Essenz von Eifersucht ist: Erdung, Bewunderung, Respekt, eigene Kreativität, Freiheit von emotionaler Angst. Man wird selbst zu einem positiven Vorbild.

Unerlöste *Trauer* hält uns in einer alten Zeitschleife gefangen und führt zu Depressionen, die Energie fließt nicht mehr, die Herzfrequenz geht zurück, und die Lebensenergie wird geschwächt. Die reine Essenz von Trauer ist: Mitgefühl, Barmherzigkeit, Selbstliebe.

Transformierte *Angst* ist die Reinheit des Instinkts: wenn sie sich mit dem höheren Bewusstsein verbindet, wird sie zur göttlich geführten Wahrnehmung, einem Aspekt der Intuition. Ein Warnsystem und Wächter, vergleichbar mit einem Wächterengel, einem inneren «Samurai». Durch das Erleben und Erfahren dieser Essenz erkennen wir, was für ein wichtiger Helfer dieser innere «Samurai» ist.

Glücksgefühle, die nicht in der inneren Essenz gründen, verbinden sich mit Angst und Anhaftung. Man hält fest, wird verkrampft und künstlich, die Lebensfreude geht verloren. Die reine Essenz von Glück ist: Lebensenergie, Freude, Wärme, Erhöhung der Schwingungsfrequenz, Energiefluss, potenzierte Energie. Die innere Sonne strahlt.

Liebe-Gefühle, die nicht in der inneren Essenz gründen, führen zu Besitzanspruch und zu Verlustängsten. Dadurch wird das wahre innere Liebespotenzial blockiert, man fällt in destruktive Muster oder man wird anfällig für Schmeichelei und Manipulation. Die reine Essenz von Liebe ist: pure Energie, Co-Kreation, Essenz von dem, was wir sind, ein inneres Heimatgefühl, Verbundenheit mit Gott und Gottes Schöpfung und allen Lebewesen.

All diese Gefühle führen in ihrer Essenz über das Selbstvertrauen und die Selbstliebe zur bedingungs-losen Liebe (Liebe ohne egobestimmte Erwartungen und Forderungen) und Gottesliebe, wovon auch Jesus sprach.

Aus der reinen Essenz der Gefühle heraus müssen wir nicht mehr in einer gesonderten Bemühung «positiv denken». Wir sind im göttlichen Fluss und harmonisch in einer konstanten Co-Kreation mit der geistigen Welt.

«Freischaltung» des Lichts

Wenn wir Gefühle unterdrücken, drückt der Emotionalkörper auf den Ätherkörper, und der physische Bereich wird bis in die Zellen mit zu wenig Licht versorgt. Wenn wir unsere Gefühle zu stark leben und projizieren, so dass es einen Überdruck gibt, bombardieren wir den Ätherkörper, der dadurch verformt wird, er bekommt Dellen. Beides führt zu einem gestörten Energiefluss im physischen Bereich.

Wenn wir lernen zu fühlen, ohne einen Gedanken darauf zu kleben, also das Gefühl in seinem Ursprung und in seiner Essenz zu fühlen, stimulieren wir unseren Emotionalbereich und füllen ihn auf. Die Selbstliebe, die Selbstakzeptanz und die bedingungslose Liebe werden dadurch stärker. Mit jedem Gefühl, das wir in der Essenz fühlen und annehmen, potenzieren wir unsere Energie. Diesen Prozess möchte ich hier an einem Beispiel erläutern:

Du bist in einer Gesellschaft und fühlst, dass dich jemand ablehnt. Wenn wir hier nicht bewusst in der Wahrnehmung sind, klebt sich sogleich ein Gedanke auf das Gefühl, und wir machen eine Geschichte daraus. «Diese Person lehnt mich jetzt aus diesem und jenem Grund ab.» Wir machen gedanklich Verknüpfungen, wir identifizieren uns mit diesem Gedanken und gleiten in eine karmische Struktur. Es geht darum, das Gefühl, in diesem Fall das Gefühl der Ablehnung, wahrzunehmen und zu akzeptieren: „Ok, ich habe dieses Gefühl jetzt". Dann lösen wir uns von den projizierten Gedanken: „Das ist mein Gefühl und gehört zu mir, es hat nichts mit anderen Menschen zu tun". Dann lassen wir uns immer tiefer in das Gefühl (der Ablehnung) ein, durchfühlen es mit unserem ganzen Sein, lassen uns ganz los in das Gefühl, was sich wie ein freier Fall anfühlen kann. Dann geschieht etwas Unerwartetes, etwas unbeschreiblich Wunderbares: das Gefühl wandelt sich wie ein göttliches Geschenk in seinen lichten Aspekt und wir fühlen es in seiner reinen Urkraft. Die göttliche Essenz steigt in uns auf und wir sind All-Eins mit ihr. Die alles umfassende unbedingte Liebe durchdringt unser ganzes Sein.

Vielleicht fragst du dich jetzt: «Das habe ich noch nie gemacht, kann ich das lernen?» Ja, das kannst du lernen. Jeder Mensch hat das Geburtsrecht erhalten, seine Gefühle zu fühlen und in ihrer Essenz zu erleben. Es ist ein Prozess des mutigen sich Einlassens und es bedarf der Übung. Aber die Geschenke, die daraus entspringen sind unbezahlbar. Unser Emotionalkörper wird vollkommen durchlichtet und schaltet uns frei, unser Sein als Lichtwesen mit unserem irdischen Sein zu verschmelzen. Vielleicht kannst du diese Übung zu Beginn nicht gleich in jeder Situation vor Ort anwenden, dann ist es sehr hilfreich, im Nachhinein mit der Übung auf der Seite 191 noch einmal in die Gefühle einzutauchen und diese so zu transformieren. Mit der Zeit gelingt die Transformation immer leichter und schneller.

Wie wirkt das auf deine Körperzellen? Eine Körperzelle ist reine Information, und sie reagiert auf das, was ihr von außen eingegeben wird. Wird ihr Angst eingegeben, reagiert sie auf die Angst und macht das, was die Angst vorgibt. Geben wir Liebe, Selbstliebe und Vertrauen ein, entwickelt sie sich entsprechend dieser Energie. Je mehr wir uns annehmen mit all unseren Gefühlen, desto mehr steigt die Selbstliebe, steigt die Frequenz, und negative Energien können nicht mehr greifen. Das Licht der Monade, der göttlichen Quelle, kann in alle Ebenen unseres Seins einfließen. Das Licht der Quelle ist immer da und immer in der Verbindung. Je mehr wir uns freischalten, desto mehr fließt das Licht in uns ein, und der Lichtmensch kann in uns geboren werden.

Wenn wir mit unserer inneren Führung und unserer göttlichen Essenz verbunden sind, fühlen wir uns immer lichtvoll und gut, auch ohne von außen bestätigt werden zu müssen. Wenn wir Bestätigungen von außen brauchen, ist dies aufgrund eines mangelnden

Selbstbewusstseins. Wenn wir dieses Gefühl umwandeln und die Selbstliebe spüren, können wir uns in der Fülle und in der Liebe fühlen, egal was im außen geschieht. Das ist die Geburt des Lichtmenschen in uns: wir können aus der göttlichen Quelle in unserem Inneren schöpfen. Wir sind «in uns selbst erfüllt». Je mehr wir diese innere Fülle, diese innere Quelle, für uns erschließen, desto mehr können wir das ganze Spektrum der Gefühle annehmen und ihr wahres Potenzial erleben.

Jedes Mal, wenn wir bedingungslose Liebe spüren,
ist es wie ein Kuss von Gott,
der unsere Energie millionenfach potenziert.
Das ist eine Einladung an uns,
den Mut zu haben, wahrhaftig zu fühlen.

Übung
Transformation der Gefühle – das Gefühlsmuskel-Training

Unsere multidimensionale Existenz ist wie ein Haus mit vielen Räumen. Wir wollen diese Räume durchlichten und nicht einzelne Räume ausgrenzen und verschließen. Wenn wir Gefühle unterdrücken, lernen wir nie ihre wahre Kraft kennen. In jedem der unterdrückten Gefühle wartet ein Geschenk auf uns, wenn wir lernen, ihre Essenz zu erkennen und zu leben. Gefühle sind eine kraftvolle Energie, die deine Schwingungsfrequenz erhöhen und dich in dein wahres Potenzial und deine Fülle bringen können.

Wir betrachten das breite Spektrum von Gefühlen, vom scheinbar negativen Pol bis zum positiven Pol. Wir erinnern uns an das Bild mit den Tasten eines Klaviers, wo jede Gefühlskategorie eine Oktave darstellt. Die fünf Kategorien sind: Trauer, Wut, Eifersucht, Glück und Liebe-Gefühle und dann auch die Angst als zusätzlicher Trainingsbereich.

Mit der hier beschriebenen Übung können wir den Umgang mit diesen Gefühlen und Impulsen trainieren, ähnlich wie ein Muskeltraining. Trainiere deine «Gefühlsmuskeln» jeden Tag, und du wirst erfahren, wie du immer stärker wirst ... und immer mehr dich selbst.

Wähle nun eines dieser Gefühle aus, das du mehr integrieren möchtest und stelle es dir wie eine Kugel vor.

Ich empfehle dir, zuerst mit einem unpersönlichen Beispiel zu üben, wie zum Beispiel eine Szene aus einem Film oder eine Geschichte aus einem Buch, und aktiviere mit diesem Beispiel das Gefühl, das du üben möchtest. Dadurch verknüpfst du dein Gefühl nicht direkt mit einer persönlichen Geschichte. Wenn du geübter bist, kannst du auch mit einem persönlichen Gefühl, das du im Alltag erlebst, üben.

Wenn du das ausgewählte Gefühl im Fokus hast, dann lass das Beispiel los und fühle nur noch dein eigenes Gefühl im Jetzt, das du nicht mit anderen Menschen identifizierst. Fülle die Kugel ganz mit diesem Gefühl aus. Du kannst deinen Atem zu Hilfe nehmen, um das Gefühl zu manifestieren, indem du dir vorstellst, dass du die Kugel von innen her ganz ausfüllst und «ausfühlst».

Spüre das Gefühl und bleibe nur beim Gefühl, ohne Identifikation und Projektion. Lass dich auf dieses Gefühl ein. Übe so lange, bis du die ganze Kugel mit diesem Gefühl «ausfühlst». Wenn du 100 Prozent erreicht hast und diese Fülle tragen und aushalten kannst, erlebst du paradoxerweise eine Entspannung, die von alleine kommt. Das Annehmen dieses Gefühls ist eine Hingabe in das göttliche Vertrauen und ein klares Ja zu dir und deiner Kraft, die aus der göttlichen Quelle kommt. Der Zugang zur reinen Essenz dieser Gefühle wird freigeschaltet, und wir fühlen die Liebe Gottes, die uns trägt und der wir alles übergeben können.

Das reine Gefühl mündet immer in die Essenz, in Gottes Liebe. Es ist wie ein Sterben und Wiedergeboren werden. Du fühlst dich «wie neu geboren»! Die Antwort ist immer die Liebe, wir gehen auf eine Meta-Ebene (ins obere morphogenetische Feld), wir steigen auf, dann verändern sich auch die Gedanken, unser Denken erweitert sich entsprechend der Frequenz, auf der wir sind. Etwas Neues öffnet sich, eine neue Welt, unabhängig von dem, was du erfahren hast, wie eine Wiedergeburt. Wir spüren, wie viel Energie wir überhaupt haben. Wir steigen auf, wie Phönix aus der Asche!

Schlüssel 9

Die Geburt des Lichtmenschen in dir – Co-Kreation mit der geistigen Welt

In der jetzigen Zeit des Wandels erkennen wir uns immer mehr als Teil des großen Ganzen. Wir erkennen, dass wir eine geistige Familie haben, sowohl hier auf Erden als auch in den geistigen Welten. Dieses Wiedererwachen der Erinnerung geschieht in Synchronizität mit den Zyklen der Erde und der Sonne. Wir spüren die Aufforderung in uns, die wahre geistige Herkunft in unserem Menschsein zu verankern und uns der Engelsgegenwart zu öffnen, um so die multidimensionalen Frequenzen aus unserer geistigen Heimat und von den lichtvollen Sternenwelten zu empfangen.

Immer mehr Menschen erinnern sich,
dass wir multidimensionale Wesen
in einem multidimensionalen Kosmos sind.
Wir können immer bewusster den Kontakt
zur geistigen Welt wahrnehmen
und lernen, mit ihr zusammenzuwirken.

Unsere Gesellschaft erinnert uns nicht immer an unsere Größe und unsere Fülle. Fünftausend Jahre haben wir im Kali-Yuga gelebt, im «Zeitalter der Spaltung». Viele der alten Kulturen sprechen von zyklischen Zeitaltern, so auch die Mayas in Mittelamerika. Gemäß ihrem Kalender ist im Jahr 2012 ein fünftausend Jahre dauerndes «dunkles Zeitalter» zu Ende gegangen und in eine neue Phase des Lichtes übergegangen, in die Phase des Zurückfindens in die Ganzheit. Wir leben in einer Übergangszeit, in der die alten

Strukturen und Gedankenmuster, die in den letzten fünftausend Jahren vorherrschend waren, sich gegen einen fundamentalen Wandel wehren oder gar nicht einsehen möchten, dass eine Erneuerung notwendig ist. Jede Veränderung kann Angst hervorrufen. Meist ist es das Ego, das mit dem Verstand verknüpft ist, das sich fürchtet, etwas zu verlieren, das kein Vertrauen in das unbekannte Neue hat und das in Panik gerät, wenn seine Vormachtstellung in Frage gestellt ist.

Alte Strukturen finden wir überall, wo die freie Entwicklung des Individuums zu seiner wahren Größe verhindert wird. Wir sehen es in Machtstrukturen, in Ungleichheiten, im Festhalten an Privilegien und Grenzen usw. Oder in der Schule, wenn die individuellen Fähigkeiten nicht ganzheitlich gefördert werden, sondern vor allem das abrufbare Verstandeswissen. Deshalb sind wir in jedem Alltagsmoment aufgefordert, uns an das göttliche Licht im Herzen zu erinnern, und dass wir Lichtwesen in einem menschlichen Körper sind. Ursprünglich wurde der Mensch im Abbild Gottes geschaffen, im Abbild von Elohim! Elohim ist ein Begriff für die Lichtwesen und die Schöpfungsebene.

Wir sind auf die Erde gekommen,
um dieses Licht und die Liebe
in unserem Herzen,
in unseren Beziehungen, unserer Umgebung
und auf der Erde zu verbreiten und zu verankern.

Bewusstseinswandel und das neue Zeitalter

Wenn wir dieses Licht über die verschiedenen Körper im Menschsein verankern und über das Menschsein hinaus strahlen lassen, nehmen unsere Zellen mehr Licht auf, und unsere feinstofflichen Körper transformieren sich. Unsere Aura und die ganze körperliche Struktur verändern sich. Die Merkaba wird aktiviert. Die Merkaba sieht aus wie ein Mandala, wie ein Miniatur-Lichtschiff, mit dem wir energetisch reisen können. Diese Energiefrequenz brauchen wir, um den Dimensionen-Wechsel zu vollziehen.

Die Sonne kommt jetzt der Erde zu Hilfe, indem sie vermehrt Energien auf die Erde strahlt, die helfen, die Schwingung zu erhöhen. Die Sonne hilft der Erde, um diesen Dimensionen-Wechsel voranzutreiben. Dies bedeutet, dass jetzt alles mehr an die Oberfläche kommt und offensichtlich wird. Es ist für uns eine Riesenchance. Wenn wir diese Herausforderungen annehmen und fühlen, werden diese Strukturen in Licht getränkt und in bedingungslose Liebe eingebettet.

Je stärker unsere Lichtfrequenz ist, desto mehr sind wir im Einklang mit den geistigen Welten. In der jetzigen Zeit zeigen sich den Menschen immer mehr Engelwesen, Lichtwesen und Sternenwesen. Tausende Menschen auf dieser Erde haben in den letzten Jahren solche Erscheinungen gehabt. Ich habe Anfang Dezember 2019 in Stein am Rhein etwas erlebt, das wie eine Einweihung war. Ich war in diesem Moment sehr verzweifelt und fragte mich, ob ich auf dem richtigen Weg sei. Ich schaute in dieser Zeit öfters in die Sterne, sprach mit der Sternenfamilie, war in Verbindung und habe darum gebeten, dass sie mir ein Zeichen geben. Ich bin dann an diesem Abend spazieren gegangen, und da kam es zu einer Lichterscheinung! Es war unglaublich, und ich wusste, dass es auch für mein Umfeld «unglaublich» sein würde! Ich rief spontan einen guten Freund an und erzählte ihm von dieser Lichterscheinung. Er sagte mir, dass er ähnliches erlebt habe, und das sogar zusammen mit einer Gruppe. Er sagte, dass dieses Erlebnis schon fünfundzwanzig Jahre her sei, aber es sei für ihn unvergesslich. Als ich dies hörte, stärkte dies mein Vertrauen in das, was ich gesehen hatte, und auch die Frage, die mich bewegt hatte, war geklärt. Ich konnte mein eigenes Erlebnis einordnen, und eine große Dankbarkeit erfüllte mein Herz.

Viele Menschen haben schon Erfahrungen mit der geistigen Welt gemacht, doch sie getrauen sich nicht, darüber zu sprechen. Seit meiner Kindheit habe ich Zugang zu den geistigen Welten und erlebe die Realität der Sternenfamilie. Das Erlebnis in dieser Form war aber auch für mich neu, und ich spürte, dass die geistige Familie jetzt vermehrt und intensiver mit uns Kontakt aufnehmen möchte.

Dazu ein weiteres Erlebnis, das mich sehr berührte: Am folgenden Morgen, nachdem ich obigen Satz für dieses Buch geschrieben hatte, erwachte ich schlagartig um drei Uhr und irgendetwas drängte mich, den frühen Zug zu nehmen, um nach Zürich in meine Praxis zu fahren. Kurz nach fünf Uhr, auf dem Weg zum Bahnhof, als ich über die Rheinbrücke ging, sah ich einen Lichtpunkt am Himmel, der wie ein auffälliger großer Stern leuchtete. Als ich ihn bemerkte und bewusst in meinen Fokus nahm, reagierte er und bewegte sich auf mich zu. Als ich weiterging, sah ich, dass das Licht mich begleitete. Im ersten Moment war ich voller Dankbarkeit, dass ich dieses Licht, das sich mir im Dezember gezeigt hatte, nochmals und auf eine neue Art sehen durfte. Doch als dieses Licht mir weiter folgte, schaltete sich plötzlich der «Kopf» ein und ich bekam sogar Angst und fragte mich: «Ist das eine Drohne, die mich überwacht?» Dann sandte ich einen Gedanken an dieses Licht und sagte, ich hätte Angst und sie sollen mir ein klares Zeichen senden, wer sie sind. Als Antwort spürte ich ein liebevolles Gefühl, das ähnlich war, wie wenn eine Mutter ihrem Kind über den Kopf streichelt, wenn es Angst hat. Dann fasste ich wieder Mut und begann sogar zu experimentieren. Ich ging hinter verschiedene Häuser, um zu schauen, ob ich das Licht dann immer noch am Himmel sehe, und tatsächlich: Es stand immer genau in meinem Blickfeld des Himmels. Als nächstes kam ich auf die Idee, es zu fotografieren, um zu schauen, ob es dann verschwindet. Aber es ließ sich fotografieren, als ob es wollte, dass ich es fotografiere. Dann beeilte ich mich, um an den Bahnhof zu kommen und stieg in den Zug. Und als ich aus dem Fenster blickte, stand das Licht wieder vor mir am Himmel, in derselben Distanz und im selben Winkel. Der Zug fuhr los, doch das Licht flog neben dem Zug her, und ich machte mit dem Handy kurze Filmaufnahmen. Plötzlich fragte ich mich, ob auch andere Menschen dieses Licht sehen, oder ob es sich nur für meinen Blick materialisierte. Der Zug war ziemlich leer. In meiner Nähe saß ein etwa 45-jähriger Mann mit Kopfhörern. Ich fasste den Mut, ging zu ihm und sprach ihn an: «Sehen Sie diesen Stern auch? Wissen Sie, welcher Stern das ist?» Er stand auf und kam auf meine Seite, ich zeigte auf das Licht, das ich durch das Fenster deutlich sah. Er schaute genau in die Richtung, die ich zeigte, und sagte mehrfach, er sehe keinen Stern ...

Das Licht folgte mir weiterhin. Als es heller wurde, war es plötzlich weg, als hätte es sich in Luft aufgelöst. Die Sterne am Himmel waren noch leicht zu sehen. Aber das Licht war verschwunden, nachdem es mir im Zug etwa fünfzehn Minuten gefolgt war. Dann fragte ich mich, ob das Licht auf den Fotos und auf den Filmen sichtbar sei. Ja, es war sichtbar, auch für andere, wie ich später sah, als ich die Fotos und die Filme zwei Vertrauenspersonen zeigte.

Im Verlauf der auf dieses Erlebnis folgenden Tage wurde mir bewusst, dass die geistige Familie jetzt vermehrt und intensiver mit uns Kontakt aufnehmen möchte und wir Menschen sind eingeladen, uns auf diese Bewusstseinserweiterung einzustimmen. Viele Menschen haben diesen Kontakt schon in ihren inneren Welten, aber die Wahrnehmung umfasst zunehmend auch die äußeren Welten in Form von sichtbaren Materialisationen (Zeichen, Lichterscheinungen usw.). Auch bei diesen Phänomenen ist ein intuitives Unterscheiden der Energien sehr wichtig (Herzintelligenz).

Die Lichtwesen beobachten genau, was wir tun. Sie schauen mit liebevollen Augen auf uns, sie bewerten nicht. Sie sagen nicht: «Diese streiten, die andern nicht, jetzt lieben wir die einen mehr als die andern.» Sie schauen bedingungslos, aber sie freuen sich über alle, die im eigenen Licht standhaft bleiben und nicht aufgeben.

Wir dürfen uns darauf vorbereiten, dass wir persönlich und zunehmend auch kollektiv Zeichen aus den höheren Dimensionen bekommen. Wenn sich die Merkaba aktiviert und mehr Lichtenergie in den Körper einfließt, verändert sich die Zellstruktur. Unsere Zellen nehmen die Licht- und Sternenfrequenz auf, so dass immer mehr Energie in die Zellen einfließen kann. Die Schwingung des Körpers erhöht sich und bringt gewisse Herausforderungen mit sich. Wir brauchen vielleicht weniger Schlaf, weniger Nahrung und der Körper fühlt sich leichter und energetischer an. Durch diese Schwingungserhöhung bekommen wir Zugang zu Sensoren für die multidimensionalen Welten sowie entsprechende Einblicke.

Der Lichtmensch in unserem Herzen wird geboren, wenn wir ein entsprechendes Bewusstsein entwickeln, und jeder Mensch ist dazu in der Lage. Dafür braucht es «Bodenpersonal», das zeigt, wie man dies machen kann. Denn wir lernen es ja nicht in der Schule. Wir alle können unser System freischalten für die lichtvollen Welten, wenn wir dies wollen. Denn es kommt nicht einfach von allein, sondern ist eine bewusste Entscheidung für das Licht, für die Herzöffnung.

«Wie im Himmel, so auf Erden»

Die Schwingungserhöhung der Erde lädt die Menschen ein, in den kreativen Austausch mit der geistigen Welt zu kommen. Die Menschen haben dieses Potenzial als innewohnendes göttliches Geschenk, und wir wissen um dieses Potenzial als Erinnerung an das Goldene Zeitalter, das heute in einer neuen Form auf der Erde entstehen will.

Schlüssel 9 ermutigt uns, bewusst einen Raum zu öffnen, in dem die geistigen Wesen anwesend sein können, damit wir über diese Kommunikation und Inspiration immer mehr eine innere Heilung und Ganzwerdung erreichen. Ziel von Schlüssel 9 ist es, die Verbindung mit den lichtvollen Helfern, d.h. mit den Engeln und unserer Sternenfamilie, zu vertiefen und Teil unserer bewusst wahrgenommenen Realität werden zu lassen.

Wenn wir in den kreativen Austausch mit der geistigen Welt kommen, hat dies immer auch eine kollektive Wirkung, weil wir dadurch den geistigen Ort, wo wir herkommen, zunehmend auf die Erde bringen. «Dein Reich komme, Dein Wille geschehe wie im Himmel, so auf Erden!»

«Dein Wille geschehe» als Schlüssel zur Co-Kreation mit der geistigen Welt

Der göttliche Wille ist die wahre Liebe, denn diese Liebe verbindet uns mit der Ganzheit und lässt uns aus einem ganzheitlichen, göttlichen Bewusstsein heraus handeln. Wahre Liebe ist das, was wir aus der Quelle empfangen und was uns mit der Quelle verbindet. Diese Kraft können wir nicht mit dem eigenen Willen steuern und nicht aus unserem Ego heraus erzwingen. Wir sind nicht einfach Schöpfer unserer Realität, wir sind Co-Schöpferinnen und -Schöpfer. Das ist ein großer Unterschied in der Sichtweise. Wir sind Teil der Ganzheit und Teil des schöpfenden Kollektivs. Die Probleme beginnen dann, wenn wir uns nicht mehr als Teil dieses Kollektivs sehen und in die Trennung, in die Illusion, gehen.

Wir sind nicht Gott, wir sind Strahlen von Gott. Jede Seele ist einer von unendlich vielen Strahlen. Gott offenbart sich durch seine Strahlen. Wenn wir uns auf dieser Ebene erfahren, können wir sogar sagen, dass wir als Strahlen keine «Unabhängigkeit» haben, d.h. keine Getrenntheit. Wir sind in einem allumfassenden Wir-Bewusstsein, wie die großen Engelscharen. In Wirklichkeit sind wir Teil dieses Kollektivs, und wenn wir dies wahrnehmen und erleben, fühlen wir grenzenlose Dankbarkeit und innere Verbundenheit: Liebe und Einheit in der allumfassenden Ganzheit.

Dieses erweiterte Bewusstsein kann für das Ego eine große Herausforderung sein. Die Vorstellung, ein Seelenlicht unter vielen zu sein, kann sich am Anfang irritierend anfühlen. Erst die innere Erfahrung unserer ursprünglichen Existenz als spirituelles Wesen befreit das Ego von seinem Glauben an seine Einzigartigkeit und dem Drang, alles bestimmen zu müssen. Unser inneres Wesen, das sich im spirituellen Körper ausdrückt, ist ursprünglich und alle anderen Körper sind Verdichtungen unserer ursprünglichen Existenz.

Die großen Engelscharen leben im allumfassenden Wir-Bewusstsein: Liebe und Einheit in der allumfassenden Ganzheit. Hier eine klassische Darstellung von Gustav Doré (als Illustration zu Dantes Buch *La Divina Commedia*).

Co-Kreation mit der geistigen Welt

In den zwanzig Jahren meines Berufslebens als mediale Beraterin und spirituelle Heilerin wie auch in meinem eigenen Leben durfte ich viele kleinere und größere Wunder erleben. Es ist ein großes Geschenk, dass die geistige Welt mit uns Menschen zusammenarbeitet, und immer wieder durfte ich sehen, was alles möglich ist, wenn wir uns auf dieses Geschenk und diese Hilfe einlassen.

Bei solchen Wundern stößt unser menschlicher Verstand oftmals an seine Grenzen. Der Verstand kann sich nicht vorstellen, was hinter der Grenze seiner Möglichkeiten liegt. Auch wenn wir unser Bewusstsein erweitern und immer mehr in das Quantenfeld der Möglichkeiten blicken, können wir als Menschen doch nur einen Bruchteil davon wahrnehmen und erfassen, was da wirklich für Kräfte und Zusammenhänge wirken. Mit unserem Herzen fühlen wir einfach die Dankbarkeit und die Liebe, die alles durchströmt.

Die Co-Kreation mit der geistigen Welt ist keine Magie. Co-Kreation mit der geistigen Welt ist das Natürlichste, was es gibt. Wir handeln aus einem multidimensionalen Wir-Bewusstsein heraus, indem wir uns erinnern, wer wir sind, und dieses Erinnern in unser Leben integrieren. Co-Kreation mit der geistigen Welt ist ein Bewusstseinszustand der Liebe und die Liebe ist immer lebensfördernd für mich selbst, für alle Beteiligten, für alle Menschen und die Erde. Wir sind ein Lichtpunkt im weiten Netz von Lichtpunkten. Wir erkennen immer mehr, dass durch die bedingungslose Liebe und das Zusammenwirken mit den geistigen Schöpferwesen Heilung und Neuschöpfungen von alleine ins Fließen kommen. Nicht «ich» handle, sondern «wir» handeln. Wir sind im Miteinander, indem wir über die gemeinsame Quelle in Gott verbunden sind.

Unser ganzes Fühlen und Denken ist eingebettet in unsere geistige Heimat, und es ist immer eine Co-Kreation mit der geistigen

Welt. Dies lässt sich auf jedes Handeln anwenden, auch auf alltägliche Handlungen wie das Kochen und das Zusammenwirken mit anderen Menschen. Als scheinbar einfaches Beispiel möchte ich hier das Handauflegen, als Praxis des spirituellen Heilens, erwähnen.

Das Handauflegen können wir auf ganz unterschiedliche Weise tun, aus der Liebe heraus oder aus dem Ego. Man kann nebenbei TV schauen oder ans Essen denken, man kann sich überlegen, was man sonst noch alles vorhat. Oder man kann sich mit dem Schmerz der Person, der wir die Hand auflegen, identifizieren. Oder man kann sich darauf fokussieren, dass der Schmerz unbedingt weggeht, damit die anderen sehen, wie viel Kraft wir haben. Oder man bittet Gott und die Engel um Hilfe und vermeidet die Selbstverantwortung. Dies alles sind verschiedene Formen des Handelns aus dem eigenen Ego heraus, auch das formelle Beten und das routinehafte «Heilen».

Co-Kreation mit der geistigen Welt bedeutet, dass wir uns mit der geistigen Heimat verbinden. Unser Körper ist eingewoben in das Energiefeld der Erde und des Kosmos. Das ist ein unsichtbares Gitternetz, das die Erde, die gesamte Natur und uns Menschen mit einwebt. Über dieses Netz haben wir Zugang zu allem, was auf der Erde ist. Es ist wie eine geistige Internetverbindung. Deshalb können wir, wenn wir uns mit dem Geist der Pflanzen und Tiere verbinden, ihre Kraft und Energie wahrnehmen.

Wenn wir jemandem die Hand auflegen und uns gleichzeitig mit unserem Herzen und der geistigen Heimat, der göttlichen Quelle verbinden, und je nachdem auch mit der Natur und ihren Elementen, mit der Sonne, dem Mond, den Sternen, unserer Sternenfamilie und den Engeln des Heilens, kann die Kraft von diesen Energien durch unsere Hände strömen und wir lassen einfach geschehen, wie die geistige Welt durch uns wirken möchte. Wir befinden uns im Raum mit der Person, der wir die Hände auflegen, und gleichzeitig sind wir auch im kollektiven Netz der Erde und des Kosmos verbunden. In der anschließend beschriebenen Meditation können wir dies konkret erleben.

Wenn wir aus unserer geistigen Heimat heraus mitschöpfen, können Wunder geschehen, da wir in einem reinen Lichtstrahl wirken, der direkt mit uns und der Quelle verbunden ist. Wir bekommen dann genau die geistigen Werkzeuge und die Unterstützung, die wir brauchen, um das Optimum zu erreichen, was möglich ist. Wir bitten um Verbindung und Unterstützung, und dann übergeben wir die Situation der göttlichen Quelle, vollkommen vertrauend, dass in diesem Kraftfeld genau das geschehen wird, was geschehen kann und geschehen darf.

Das könnte dann beispielsweise so aussehen, dass wir während des Handauflegens in unseren geistigen Hallen sind. Diese Hallen sind feinstofflich. Die Energie ist sehr hochschwingend. Alles geschieht durch die Präsenz in diesem Ort, allein durch die Verbindung und die Wahrnehmung, ohne positive oder negative Manipulation. Wir werden über unsere Herzintelligenz geführt. Das bedeutet, dass diese hochschwingende Energie durch uns fließt, weil wir aus unserer multidimensionalen Existenz heraus wirken. Es fühlt sich an wie Augen hinter unseren Augen, wie eine ganze Familie, die hinter uns steht und mit uns zusammenwirkt.

Durch das Freischalten und Synchronisieren unserer Herzen können wir geistiges Wissen materialisieren und immer mehr in die Materie einfließen lassen. Das bedeutet, wir können mit geistigen «Werkzeugen» im physischen Körper Energien bewegen und in Liebe transformieren. Der Lichtkörper wird aktiviert, und wir erkennen, was für großartige Kräfte in uns vorhanden sind. Stellen wir uns vor, dass die Menschen in der Politik und die Ärzte ihre Lichtwesenexistenz erkennen und erfahren! Was wäre dann alles möglich…!

In der folgenden Meditation wechseln wir die Perspektive und die Position. Die obigen Beschreibungen bezogen sich auf die Person, die spirituell heilend aktiv ist. In der Meditation sind nun wir die Person, die eine solche Behandlung empfängt. Vielleicht kennst du Menschen, deren Berufung es ist, heilend oder therapeutisch tätig zu sein, und du hast bei ihnen schon Sitzungen oder Behandlungen bekommen. In der Meditation erleben wir dies im Kreis der geistigen Familie und begegnen den Lichtwesen, die uns daran erinnern, dass wir selbst ebenfalls Lichtwesen sind. Durch die Aktivierung des Lichtkörpers wird in uns der Lichtmensch geboren, das heißt, unsere irdische Existenz wird aus der göttlichen Quelle mit Licht durchflutet, und das bis auf die Ebene unserer Zellstrukturen.

Meditation
Die Geburt des Lichtmenschen in dir

Freue dich auf eine Heilbehandlung und Einweihung mit den Lichtwesen. Bitte setze oder lege dich bequem hin und entspanne deinen Körper. Atme sanft ein und sanft aus. Atme alles aus, von dem du deinen Geist reinigen möchtest. Die Engel sind bei dir, auch die mächtigen Erzengel und die Sternenfamilie. Deine Sternenfamilie erwartet dich in deinem heiligen Raum, den du gerade gestaltest. Gehe ganz in deinen inneren Herzraum. Verbinde dich mit deinem Herzen. Fühle dein schönes Herz. Atme sanft ein und sanft aus.

Nimm auch den Raum wahr, indem du dich befindest. Synchronisiere dein Herz mit dem Raum, in dem du jetzt bist. Du bist in deinem inneren und äußeren Raum behütet und beschützt. Im Kreis deiner Sternenfamilie erkennst du dich selbst als Lichtwesen – als Lichtwesen, das als Mensch inkarniert ist, und du spürst, wie du deinen Lichtkörper immer mehr aktivieren kannst und in deinem inneren Licht erstrahlst. Das ist die Geburt des Lichtmenschen in dir. Die Engel sind bei dir, auch die mächtigen Erzengel und die Sternenfamilie.

Deine Sternenfamilie begrüßt dich liebevoll und mit offenen Armen. Ein Gefühl von Heimat entsteht. Aus diesem Gefühl heraus spürst du, wie sich dein Herzraum öffnet, und dadurch öffnet sich auch dein äußerer Raum. Deine Sternenfamilie ist präsent. Du fühlst dich mit all diesen Lichtwesen verbunden, und sie berühren dich an deiner Hand. Spüre die Präsenz deiner Sternenfamilie.

Sie nehmen dich an deiner Hand und führen dich zu einem Bett aus Kristall. Himmlische Musik erklingt. Deine Sternengeschwister helfen dir, dich auf das Bett aus Kristall zu legen. Zuerst ist das Kristallbett kühl, doch es erwärmt sich durch das Licht und die Liebe, die du fühlst. Deine Sternengeschwister sind bei dir. Du atmest die heilende Energie ein. Atme sanft ein und sanft aus. Mit jedem Atemzug entspannst du dich mehr und mehr. Du fühlst dich beschützt und angenehm entspannt. Du spürst, wie du deinen Lichtkörper immer mehr aktivierst, und das Licht strahlt in dir und aus dir.

In diesem Licht erkennst du auch, wo sich in dir noch Schattenbereiche abtrennen. Mit der Kraft deines Lichts schaust du in diese Bereiche. Die Lichtwesen bitten dich nun, dass du auch deine angstvollen Bindungen betrachtest, das sind belastende Elemente, die vielleicht mit deiner Familie, mit Freunden, Bekannten, früheren Lebenspartnern oder Situationen, die du erlebt hast, zu tun haben, oder auch Zukunftsängste. Während du sanft ein- und ausatmest, senden deine Sternengeschwister Liebe in diese Bindungen. Gehe in diese Gefühle, atme Liebe hinein und atme Frieden aus. Die negativen Bande werden immer mehr von Licht erfüllt.

Die Lichtwesen fragen dich: Gibt es weitere Schattenbereiche, die du in Licht verwandeln möchtest, Sehnsüchte? Süchte? Negative Verhaltensmuster, die dir nicht guttun?

Stelle dir nun vor, dass du diese Bereiche mit Liebe betrachtest und dass der graue Schleier sich löst und dass immer mehr das Licht der bedingungslosen Liebe erscheint. Du darfst dir danken, dass du den Mut und die Bereitschaft hast, deine Schattenbereiche zu fühlen und zu betrachten. Wertschätze und erkenne, dass du Fülle bist, Teil der göttlichen Ganzheit. Lass diese Heilenergie in jede Zelle deines Seins fließen. Spüre die Heilkraft.

Jetzt ist der richtige Zeitpunkt, lasse dich auf diesen Heilungsvorgang ein. Es fühlt sich an wie ein Bad in einem lichtvollen Gewässer.

Du liegst auf dem Kristallbett, getragen von Lichtenergie und Lichtklängen. Du fühlst die Verbindung mit den Lichtwesen, die im Raum sind. Sie bilden einen heiligen Kreis um dich herum, einen Heilraum, den du mit ihnen zusammen aufrechterhältst. Du spürst ihre Präsenz.

Deine Sternenfamilie begleitet dich seit deiner Geburt und hat dich auch in deinen früheren Leben begleitet. Die Lichtwesen sind immer an deiner Seite, so auch jetzt. Sie unterstützen und stärken dich in deiner Inkarnation als Familie und kraftvolle Präsenz. Du bist im Zentrum ihres Kreises.

Aus der göttlichen Quelle fließt Sternenlicht zu dir und erscheint als Energie-Kristall. Die Lichtwesen überreichen dir den Energie-Kristall, er trägt die Information aus der Quelle, die auch in dir ist: dein Seelenplan, das innere Wissen um deine Potenziale und deine ewige Lichtexistenz.

Durch dein Ja zu dir selbst schaltest du deine innere Verbindung frei, mit einem «Download» der Information aus dem Energie-Kristall. Zusammen mit den Lichtwesen gehst du nun durch alle sieben Chakras deines Lichtkörpers.

Aktiviere mit deinem Energie-Kristall dein Wurzel-Chakra. Atme dieses Kristall-Licht mit den für dich aktivierten Informationen, die dir helfen, voll und ganz in deine Kraft zu kommen, tief ein. Fühle die Heilkraft und das Licht und die Liebe in dir, und mit jedem Ausatmen lass alles los, was nicht mehr zu dir gehört. Atme die Heilkraft tief in dein Wurzel-Chakra ein und verbinde diesen Raum mit dem Licht aus der göttlichen Quelle.

Aktiviere mit deinem Energie-Kristall dein Sakral-Chakra. Atme dieses Kristall-Licht mit den für dich aktivierten Informationen, die dir helfen, voll und ganz in deine Kraft zu kommen, tief ein. Fühle die Heilkraft und das Licht und die Liebe in dir, und mit jedem Ausatmen lass alles los, was nicht mehr zu dir gehört. Atme die Heilkraft tief in dein Sakral-Chakra ein und verbinde diesen Raum mit dem Licht aus der göttlichen Quelle.

Aktiviere nun mit deinem Energie-Kristall deinen Solarplexus. Atme dieses Kristall-Licht mit den für dich aktivierten Informationen, die dir helfen, voll und ganz in deine Kraft zu kommen, tief ein. Fühle die Heilkraft und das Licht und die Liebe in dir, und mit jedem Ausatmen lass alles los, was nicht mehr zu dir gehört. Atme die Heilkraft tief in deinen Solarplexus ein und verbinde diesen Raum mit dem Licht aus der göttlichen Quelle.

Aktiviere nun mit deinem Energie-Kristall dein Herz-Chakra. Atme dieses Kristall-Licht mit den für dich aktivierten Informationen, die dir helfen, voll und ganz in deine Kraft zu kommen, tief ein. Fühle die Heilkraft und das Licht und die Liebe in dir, und mit jedem Ausatmen lass alles los, was nicht mehr zu dir gehört. Atme die Heilkraft tief in dein Herz-Chakra ein und verbinde diesen Raum mit dem Licht aus der göttlichen Quelle.

Aktiviere nun mit deinem Energie-Kristall dein Hals-Chakra. Atme dieses Kristall-Licht mit den für dich aktivierten Informationen, die dir helfen, voll und ganz in deine Kraft zu kommen, tief ein. Fühle die Heilkraft und das Licht und die Liebe in dir, und mit jedem Ausatmen lass alles los, was nicht mehr zu dir gehört. Atme die

Heilkraft tief in dein Hals-Chakra ein und verbinde diesen Raum mit dem Licht aus der göttlichen Quelle.

Aktiviere nun mit deinem Energie-Kristall dein drittes Auge in der Mitte deiner Stirn. Atme dieses Kristall-Licht mit den für dich aktivierten Informationen, die dir helfen, voll und ganz in deine Kraft zu kommen, tief ein. Fühle die Heilkraft deiner Zirbeldrüse und das Licht und die Liebe in dir, und mit jedem Ausatmen lass alles los, was nicht mehr zu dir gehört. Atme die Heilkraft tief in dein Stirn-Chakra ein und verbinde diesen Raum mit dem Licht aus der göttlichen Quelle.

Aktiviere nun mit deinem Energie-Kristall dein Kronen-Chakra. Atme dieses Kristall-Licht mit den für dich aktivierten Informationen, die dir helfen, voll und ganz in deine Kraft zu kommen, tief ein. Fühle die Heilkraft und das Licht und die Liebe in dir. Lass mit jedem Ausatmen alles los, was nicht mehr zu dir gehört. Atme die Heilkraft tief in dein Kronen-Chakra ein und verbinde diesen Raum mit dem Licht aus der göttlichen Quelle.

Du liegst auf dem Kristallbett, getragen von Lichtenergie und Lichtklängen. Im Kreis deiner Sternenfamilie erkennst du dich als Lichtwesen – als Lichtwesen, das als Mensch inkarniert ist, und du spürst deinen Lichtkörper, der in jede Zelle deines physischen Körpers strahlt und jede Körperzelle erfüllt. Das ist die Geburt des Lichtmenschen in dir!

Du spürst deine Aufgabe, warum du hierhergekommen bist, deine Lebensaufgabe, deine Bestimmung. Überall, wo Freude fließt, da bist du zu Hause. Du bist ein Lichtwesen in einem menschlichen Körper. Erinnere dich und lasse deine Lichtkraft voll und ganz zu.

Fühle dein Herz, wie es sich öffnet wie eine Blume. Deine Sternenfamilie ist bei dir. Fühle die Dankbarkeit und die Heilung. Akzeptiere deine Größe. Du bist ein göttliches Licht in der Welt. Dein

Licht inspiriert auch andere Menschen. Du bist ein leuchtendes Vorbild. Nimm die göttlichen Geschenke an, du bist ihrer würdig. Spüre dich wieder ganz im Hier und Jetzt.

Spüre deinen Körper, spüre den Raum, in dem du bist, und erinnere dich an die Lichtwesen, an deine Sternenfamilie, in deiner Meditation, in deinen inneren Räumen und auch im Alltag. Spüre deinen Körper, spüre den Raum, in dem du bist, Du bist nun wieder ganz im Hier und Jetzt.

 Einführung in die Meditation

Audio-Datei mp3, Dauer: 01:55 Minuten
Zum Anhören QR-Code scannen
oder folgenden Link im Browser eingeben:
www.licht-herz.media/nr-einfuehrung

 Meditation Die Geburt des Lichtmenschen in dir

Audio-Datei mp3, Dauer: 25:30 Minuten
Zum Anhören QR-Code scannen
oder folgenden Link im Browser eingeben:
www.licht-herz.media/nr-geburtlichtmensch

Schlusswort

Vor Gott und den Kindern sind wir alle gleich

Wir alle kennen das weise Wort: «Vor Gott sind wir alle gleich.» Damit ist gemeint, dass es im Leben nicht entscheidend ist, ob wir reich oder arm sind. Wenn wir von dieser Welt gehen, bleibt nur die Frage, ob wir glücklich waren und uns selbst und die anderen Menschen lieben konnten. Dieselbe Situation erleben wir auch mit Kindern, wenn sie ganz Kind sein dürfen und sich loslösen können von ihren Prägungen. Dann fragen sie sich nicht, ob du reich oder arm bist oder welche Hautfarbe du hast oder welcher Religion du angehörst. Wenn sie im Sandkasten miteinander spielen oder gemeinsam durch den Wald rennen, sind keine Trennungen durch «Rasse» und Religion vorhanden. Irgendetwas passiert jedoch, dass die Menschen, wenn sie älter werden, plötzlich solche Grenzen sehen und sich von anderen Menschen und Weltbildern distanzieren und in Konkurrenz gehen.

Ich denke, Jesus meinte das, als er sagte sinngemäß: «Werdet wie die Kinder, so werdet ihr ins Himmelreich kommen.» Wir können von den Kindern lernen und die unbeschwerte Sicht, die sie haben, bewusst entwickeln. Dann können wir den Frieden des Himmels auch auf Erden leben.

Kinder sind noch ganz unmittelbar mit ihrem inneren Wesen verbunden. Sie erinnern uns an unser eigenes inneres Kind und an das Lichtkind in unserem Herzen. Und wir kennen dieses «grenzenlose» Bewusstsein auch als Erwachsene. Wenn wir gemeinsam

Musik machen, singen, trommeln oder tanzen, können wir diese kindliche Unbeschwertheit und Freiheit auch im Alltag erleben. Ich bin überzeugt, dass aus der Musik mit dem gemeinsamen Singen und Tanzen ein neues Bewusstsein entstehen kann. Auch der Sport und das gemeinsame Erleben der Natur sind wichtige Wege, die helfen, dass die Menschen sich wieder auf eine harmonische und persönliche Weise begegnen. Eine weitere Möglichkeit der natürlichen zwischenmenschlichen Begegnung sind indianische Schwitzhütten und die Sauna. Stellen wir uns vor, wie politische Gipfeltreffen verlaufen würden, wenn alle diese mächtigen Leute aus Ost und West schwitzend und nur mit einem Badetuch bedeckt miteinander sprechen würden!

Kinder, die Boten der Neuen Zeit

Heute kommen Menschen aus unterschiedlichsten kulturellen Hintergründen zusammen und vermischen sich. Die Herausforderung ist nun, alte Denkschablonen und Glaubensmuster zu überwinden, und auch hier kommt den Kindern eine entscheidende Rolle zu. Die neuen Kinder sind in Resonanz mit der neuen Zeit und der neuen Welt. Sie bringen ein erweitertes Bewusstsein mit sich und verkörpern in zunehmender Zahl das Licht der geistigen Welt hier auf Erden!

Wenn ich spielende Kinder sehe und ein Kinderlachen höre, fühle ich Millionen von Lichtpunkten in meinem Herzen. Wenn ich in der Natur bin und die Kraft der Schöpfung spüre, erfüllt mich dies ebenfalls mit großer Zuversicht. Diese Momente geben mir Mut und den Glauben, dass das Bewusstsein der Menschen sich verändern wird. Was auch immer in der Welt geschieht, wir bleiben standhaft in dieser Gewissheit. Hinter allem erkennen wir die Schönheit der Schöpfung und der geistigen Welt, und wir können auch andere Menschen an diese Schönheit erinnern. Je mehr wir diese Schönheit sehen, desto mehr wird sie sich auch in der äußeren Welt offenbaren. Die neue Welt beginnt in unseren Herzen, und die Kinder sind die Boten dieses neuen Bewusstseins.

Dankbarkeit ist ein wichtiger Schlüssel, und so danke ich auch der neuen Generation. Für sie ist der Zugang zur geistigen Welt natürlich. In der Tiefe fühlen sich die kommenden Kinder aufgehoben und mit der göttlichen Quelle verbunden. Ich bete und vertraue, dass die Kinder der neuen Zeit stark genug sind, dieses neue Bewusstsein auf Erden zu verankern. Sie werden in der Lage sein, was sie intuitiv wissen und wahrnehmen, auch wissenschaftlich und intellektuell zu beschreiben und in ihren Berufen umzusetzen. Sie sind die Boten und die Hoffnungsträger. Mögen wir für sie den Weg bereiten und die Tore öffnen!

Dein ganz persönlicher Weg

Wir kommen nun an das Ende unserer gemeinsamen Reise. Ich möchte das Buch nochmals überblicken und mit dir gemeinsam abschließen. Du hast beim Lesen dieses Buches sicher gespürt, dass Bewusstseinsentwicklung nicht etwas Unerreichbares ist, oder etwas, das nur einige wenige besondere Menschen erreichen und erleben können. Es macht Freude, den eigenen Weg zu gehen und dem eigenen Wesen gemäß zu leben.

Etwas in uns sehnt sich danach, wahrhaftig und authentisch zu leben. Wir wollen richtige und gesunde Entscheidungen treffen. Wir möchten in unserer Kraft stehen und den Herausforderungen des Lebens mutig und klar begegnen. Wenn uns das gelingt, fühlen wir uns verbunden und getragen. Wir wissen, dass der Weg gut und stimmig ist.

Erinnern wir uns an das, was uns stärkt und uns echten Halt gibt. Erinnern wir uns an unsere Fähigkeit, Entscheidungen zu treffen, die mit Herz, Geist und Seele im Einklang stehen. Erinnern wir uns daran, dass es eine allgegenwärtige göttliche Quelle gibt, mit der wir uns immer und jederzeit verbinden können.

Wir alle haben die schöne Aufgabe, den Zugang zu unserer Berufung und zu unserem Herzensweg offen zu halten. Authentisches Menschsein beinhaltet, dass wir Fehler, Irrtümer, Schwächen, Umwege und persönliche Eigenheiten liebevoll umarmen, bei uns selbst und bei anderen.

Je mehr wir uns selbst begegnen und in Ehrlichkeit und Authentizität leben, desto besser entwickeln sich unsere Empathie und die Erkenntnis, dass wir alle miteinander verbunden sind. Dann wachsen wir immer mehr in die lichtvolle Verbundenheit mit unserer göttlichen Essenz und diese durchstrahlt unser gesamtes Leben, unser Bewusstsein, unser Denken, unser Fühlen und unser Handeln. Das ist die Wiedergeburt auf einer neuen Schwingungsebene. Wir verlassen das alte Bewusstsein, wir «erwachen». Wir entwickeln immer mehr Freude, gemeinsam mit anderen Menschen und in Co-Kreation mit der geistigen Welt, die neue Welt zu gestalten. Das goldene Zeitalter, das Paradies auf Erden beginnt in unserem Herzen und entsteht individuell, lokal und global aus der Fülle unseres Seins, aus unserem leuchtenden und liebenden Herzbewusstsein.

Dieses Buch schenkt dir die Klarheit, dass DU die Veränderung bist, die du dir in der Welt wünschst. Mit den Übungen und Meditationen erhältst du Erkenntnisse und Werkzeuge für deinen ureigenen Weg der Entfaltung und die Erfahrung, dass dein göttliches Herz das Zentrum deines Menschseins und deiner wahren Liebe und Schöpferkraft ist. Du kannst immer wieder in diesem Buch lesen und in die Meditationen eintauchen. Du kannst dir selbst und anderen daraus vorlesen. Es kann auch Anregungen geben für Übungen und Meditationen in Seminargruppen oder im Kreis mit Kindern.

Danksagung

Ich danke dem Leben und vertraue den Fügungen, die mich immer wieder überraschen und lehren und inspirieren. Das Leben bringt zum richtigen Zeitpunkt die richtigen Erfahrungen und Begegnungen. So danke ich all meinen Freundinnen und Freunden, mit denen ich in wunderschönen und kraftvollen Momenten immer wieder eine besondere Herzqualität erleben darf, insbesondere Cécile D. für deine positive Energie, mit der du in jeder Situation immer die richtigen Worte findest, Ulf H. für deine Herzensgüte, Pascal A. für die Leichtigkeit im Leben, Manu E. für dein Ganz-anders-sein und deine Brüderlichkeit, Marco F. für dein tiefes Verständnis und Einfühlungsvermögen, Theresia Sch. und Michael J. für eure liebevollen Zeichen und Botschaften, Sabrina K. für das gemeinsame «Gleichschwingen» von Weinen bis Lachen, Danniel S. für die inspirierenden Gespräche und spirituellen Exkursionen und Corinne L. vielen Dank für unsere Herzverbindung und schön, dass wir über alles sprechen können, sogar über Buchhaltung.

Eine langjährige Freundschaft verbindet mich mit Marianne und Wolfgang Jaeger von der IM LICHT Buchhandlung in Zürich. Deshalb war es für mich eine Herzentscheidung, mein Buch in ihrem Licht-Herz Verlag zu veröffentlichen. Ich danke euch für euer Vertrauen und den wundervollen gemeinsamen Weg, den wir als «Sternenfamilie» miteinander gehen.

Ein großes Danke geht auch an Armin Risi, der mich als Lektor in der etappenreichen Entstehung des Buches unterstützt hat. So war es mir möglich, meine langjährige Vision eines Buches zu realisieren.

Danke an alle Klientinnen und Klienten, Seminarteilnehmerinnen und Seminarteilnehmer und alle Eltern, die mit ihren Kindern zu mir kommen. Danke für euer Vertrauen und danke, dass ich von euch lernen darf. Jede Begegnung ist eine einzigartige Bereicherung.

Ich danke meinen Eltern und der ganzen Familie für das gemeinsame Wachsen und die familiären Treffen. Hier danke ich auch meinem Patenkind Elijah für die «coolen» und schönen Momente.

Besonders danken möchte ich meinem Sohn, der mit seiner offenen, ehrlichen und liebevollen Art mein größter Lehrer ist und mein Herz jeden Tag berührt. Dank dir weiß ich nun, was «Seelenverbindung» wirklich bedeutet, und ich durfte nochmals neue Aspekte der wahrhaftigen Liebe kennenlernen.

Danke dem Himmel und der Erde und allen Menschen, danke der Natur und danke allen Tieren, die mir ebenfalls immer wieder lichtvolle Gefährten sind. Wie ich im Buch schrieb: Wir sind immer verbunden mit den anderen Lebewesen, mit den irdischen und den Lichtwesen in den geistigen Welten. Gott sei Dank gibt's euch alle! Danke!

Über die Autorin

Nadine Liliane Reuter (geb. 1976) lebt seit über zwanzig Jahren ihre Berufung als mediale Beraterin, spirituelle Heilerin, Referentin und «Sternenfrau», die Himmel und Erde verbindet. Seit ihrer Kindheit hat sie Kontakt zur geistigen Welt, und das Wahrnehmen von feinstofflichen Energien ist ein natürlicher Bestandteil ihrer Wirklichkeit. Ihr beruflicher Werdegang umfasst Ausbildungen in geistigem Heilen und in Energie- und Körperarbeit.

Ihre Aufgabe sieht sie darin, Menschen in ihrer persönlichen, spirituellen und beruflichen Entwicklung zu begleiten. Durch ihre ausgeprägte Hochsensitivität und Wahrnehmungsbegabung ist es ihr möglich, sich sehr gut in andere Menschen hineinzufühlen und sie zu verstehen.

Die mediale Beratung und die Energiebalancierung beruhen auf dem bewussten oder intuitiven Wahrnehmen von energetischen Zusammenhängen und auf der Verbindung zur gemeinsamen Quelle, aus der heraus es möglich ist, inspiriert zu sprechen und Botschaften zu empfangen.

Auf der Grundlage des vorliegenden Buches bietet Nadine Reuter Seminare, Vorträge und aufbauende Schulungen (auch in Form von Webinaren) an.

Website: www.nadinereuter.ch

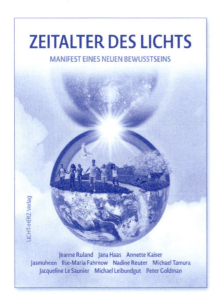

AUTOR*INNEN

Jeanne Ruland

Jana Haas

Annette Kaiser

Jasmuheen

Ilse-Maria Fahrnow

Nadine Reuter

Jacqueline Le Saunier

Michael Tamura

Michael Leibundgut

Peter Goldman

ZEITALTER DES LICHTS
Manifest eines neuen Bewusstseins

Zehn namhafte spirituelle Lehrer*innen, Hellsichtige und Weise blicken je aus einer ganz unterschiedlichen Perspektive auf die jetzt stattfindende Wandlungszeit. Sie zeigen auf, dass es bereits jetzt möglich ist, das Zeitalter des Lichts – das oft prophezeite «Goldene Zeitalter» – zu leben und auch immer mehr im Kollektiv zu verankern.

Sie zeigen auf, was das für unser Alltagsleben heisst und wie Liebe, Intuition und Inspiration eine neue Gemeinschaft der Menschen und aller Wesen auf der Erde ermöglichen. Wie das Zusammenwirken von Menschen und der geistigen Welt zu einer Menschheit des Friedens führt.

Wunderschöne Illustrationen und lichtvolle Meditationen für den eigenen Weg in Form von Audio- und Videodateien ergänzen dieses einmalige Buch.

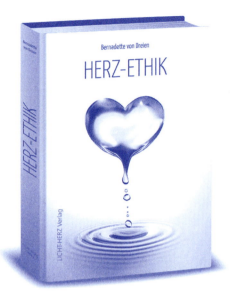

AUTORIN

Bernadette von Dreien ist die Bestseller-Autorin der ersten beiden CHRISTINA Bücher. Sie befasst sich mit Bewusstseinsforschung, Psychosomatik, ganzheitlicher Psychologie, Ethik, Philosophie und Spiritualität und mag grundsätzlich als MENSCH identifiziert werden. Sie ist Mutter von zwei Kindern, Naturheilpraktikerin und war als Leichtathletin vielfache Medaillengewinnerin.

HERZ-ETHIK

Die positive Veränderung beginnt, sobald das Herz die Führung übernimmt.

Bernadette von Dreien wurde mit unzähligen Fragen zu den weisheitsvollen Aussagen ihrer hochbewussten Tochter konfrontiert. Das Buch HERZ-ETHIK beantwortet nun mit grosser Klarheit die brennenden Fragen, die uns im Wandel zu einer Neuen Zeit beschäftigen. Es beschreibt tiefgründig und bewegend Herz- und Lebensaspekte, befasst sich mit den heute so herausfordernden Gesellschaftsfragen und verbindet auf einfachste Art und Weise ganzheitliche Psychologie, Psychosomatik, Spiritualität, Philosophie.

Mit dem Feuer des Herzens und dem Wissen, dass jetzt grosse Wandlungen geschehen, nimmt uns das Buch mit auf eine Reise hin zu einer lichtvollen und liebevollen Lebensweise, zu einem gemeinsamen Gestalten unserer Umwelt und zu einer friedvollen Menschheit.

LICHT-HERZ Verlag

Die Publikationen des LICHT-HERZ Verlages geben bewusstseinserweiternde und herzöffnende Impulse in der jetzigen Wandlungszeit zum Zeitalter des Lichts. Der Verlag ist frei von religiösen, traditionellen oder sonstigen Systemen und richtet sich nach der Ethik des Herzens, die jedem Menschen innewohnt.

Das herzbasierte Bewusstsein beginnt mit der persönlichen inneren Entfaltung, führt zu einem liebevollen und friedlichen Zusammenleben in der Gemeinschaft und bewirkt nachhaltige und lebensfördernde Entwicklungen in der Gesellschaft.

Weitere Informationen finden Sie auf der Website:
www.licht-herz.media

Der LICHT-HERZ Verlag gehört zu:

Alle Veröffentlichungen unseres Verlags und ein reichhaltiges Sortiment an Büchern und unterstützenden Artikeln für den inneren Weg finden Sie in unserer Buchhandlung.
www.imlicht.ch
(Versand nur in die Schweiz)

Bezugsquelle Schweiz: IM LICHT Buchhandlung
                                 www.imlicht.ch
Bezugsquelle Deutschland / EU: www.val-silberschnur.de

Wenn Sie unsere Arbeit für den Wandel ins Lichtzeitalter unterstützen möchten, finden Sie auf unserer Verlagswebseite www.licht-herz.media weitere Angaben.